［過去問］

2024
東洋英和女学院小学部
入試問題集

・問題内容についてはできる限り正確な調査分析をしていますが、入試を実際に受けたお子さんの記憶に基づいていますので、多少不明瞭な点はご了承ください。

Shinga-kai

過去10年間の入試問題分析
出題傾向とその対策

2023年傾向

今年度も例年通り11月2日に実施され、ペーパーテスト、集団テスト、運動テストが行われました。ペーパーテストは話の記憶は出題されず、数量、言語、推理・思考などから出題されました。集団テストは巧緻性と行動観察などが実施されました。また、昨年同様面接時に配付されたビニール袋に、鉛筆3本、消しゴム、スティックのり、はさみ、ウエットティッシュを入れて考査日に持参するよう指示がありました。

傾　向

考査は1日のみで、月齢で分けられたグループごとに、ペーパーテスト、集団テスト、運動テストが行われます。所要時間は1時間30分～2時間で、考査日前の指定日時に親子面接があります。ペーパーテストは、数量、話の理解、言語、常識、推理・思考などさまざまな分野からの出題があること、また指示を確実に聞き取る力を見る内容になっていることが特徴です。集団テストでは2021、2022年度は行われなかったものの、例年おままごとセットやフープなどの道具を使った自由遊びが行われています。また、2015、2020、2021、2023年度は折り紙の課題が出題されています。そのほか絵画や制作なども出題され、作品についてみんなの前で発表することもあります。制作では2015、2022年度は個人で制作したものを持ち寄っての共同制作、2017年度は紙皿や紙コップを使った生き物作り、2016年度は共同制作の輪つなぎが行われました。いずれにしても、初めて会うお友達と相談、協力して活動する場面が、課題の中でほぼ毎年あります。また2017年度以降は、はしの扱いや体操服などをたたむ、鉢巻きを結ぶ、風呂敷で包むなど、生活習慣の課題が出される年が増えました。運動テストでは、スキップ、ケンケン、ボール投げなどの基本的な運動のほか、音楽や合図に合わせていろいろな動作をする課題があり、その中で指示の聞き方や機敏性、お友達とのかかわりも見られています。また、スキップ、両足跳び、ケンパーなどを組み合わせた連続運動も行われています。競争ではないので、最後まであきらめず、きちんと取り組む姿勢がポイントです。親子面接は、考査日より前の10月中ごろから始まり、日時は生年月日順で決

まります。願書に加えて当日配付され提出したアンケートを基に、いくつか質問を受けます。このアンケートは、保護者との面接時間が短いのでそれを補うために提出するものです。父母別々のテーマで記入しますが、保護者の勤務先やボランティア活動などを書く欄は例年通りです。

対　策

幅広い分野から出題されるのが大きな特色です。まずは項目に偏りがないよう、話の記憶や話の理解、数量、推理・思考、常識など、過去問にふれながら基礎的な理解をしっかり押さえておきましょう。また一つひとつの難易度が格別に高いわけではないので、ペーパーテストでは単純なミスをしないように落ち着いて取り組むことが大切です。数量は、指示をしっかり聞いていないと正解できない設問があることが特徴です。一度できちんと質問を把握し、10くらいまでの数の操作がスムーズにできる力をつけておきましょう。推理・思考では、対称図形や回転図形、重ね図形や四方図など、毎年のように複数の課題が出されています。幅広く準備を進める一方、図形に関する課題では、どのように変わったのか、形の大きさや長さ、角度や向きなどの特徴をしっかりとらえる注意深さが大切です。言語や常識の課題は必須項目です。生活体験を通じて季節や行事、身の回りの道具などに興味・関心を向け、語彙を増やすことも心掛けましょう。日常の過ごし方、親のかかわり方なども見直しておきましょう。集団テストの制作では、切る、折る、貼るなどの作業が含まれ、巧緻性とともに塗り絵や折り紙などの丁寧さや作業力、集中力を見られます。ご家庭でもいろいろな教材を使ってものを作り上げる過程を体験させましょう。また、はしの扱いや体操服をたたむといった生活習慣も見られます。日ごろの生活の様子が表れますので、食事やお手伝いを通して一つひとつを丁寧に、きちんと行う習慣を見直していきましょう。行動観察では、お友達と仲よく活動できることと同時に、判断力や立ち居振る舞いも見られています。いろいろな場でお友達とかかわる経験を重ね、自由遊びで危険なことをしたり羽目を外すことのないよう自律心も育んでいきましょう。運動テスト対策としては、ケンケンやスキップ、前転やゴム段、ボール投げなどの基本的な運動に取り組み、どのような課題にも対応できるようにし、また音楽に合わせて楽しく体を動かしリズム感を身につけていきましょう。面接当日に記入するアンケートは面接時に使用されることが多く、父母別々に記入するため方針の一致が不可欠です。日ごろからご両親で家庭の教育方針や志望理由、仕事、ボランティア活動のことなどをまとめ、確認しておきましょう。また、面接では温かな家庭の雰囲気を伝えることも重要です。過去の質問内容を参考にし、子どもも前向きな話し方ができるように準備をしておきましょう。子どもの日常の様子は父親に質問されることも多いので、日々の生活に父親が関心を持つことも大切です。

年度別入試問題分析表

【東洋英和女学院小学部】

	2023	2022	2021	2020	2019	2018	2017	2016	2015	2014
ペーパーテスト										
話		○	○	○	○	○		○	○	○
数量	○	○	○	○	○	○	○	○	○	○
観察力				○						
言語	○	○	○	○	○	○	○	○	○	○
推理・思考	○	○	○	○	○	○	○	○	○	○
構成力						○	○			
記憶										
常識			○		○	○		○	○	○
位置・置換		○	○					○	○	
模写	○	○						○		
巧緻性			○	○	○		○	○		
絵画・表現										○
系列完成	○	○		○	○	○	○			
個別テスト										
話										
数量										
観察力										
言語										
推理・思考										
構成力										
記憶										
常識										
位置・置換										
巧緻性										
絵画・表現										
系列完成										
制作										
行動観察										
生活習慣										
集団テスト										
話										
観察力										
言語				○	○	○			○	○
常識										
巧緻性	○	○				○			○	
絵画・表現										
制作		○	○				○	○	○	○
行動観察	○	○	○	○	○					
課題・自由遊び	○			○	○	○	○	○	○	○
運動・ゲーム	○	○	○		○	○	○	○		○
生活習慣				○	○	○	○			
運動テスト										
基礎運動			○					○	○	○
指示行動	○			○				○	○	
模倣体操		○			○					
リズム運動										
ボール運動	○									
跳躍運動										
バランス運動					○					
連続運動		○				○			○	○
面接										
親子面接	○	○	○	○	○	○	○	○	○	○
保護者(両親)面接										
本人面接										

※伸芽会教育研究所調査データ

小学校受験Check Sheet

お子さんの受験を控えて、何かと不安を抱える保護者も多いかと思います。受験対策はしっかりやっていても、すべてをクリアしているとは思えないのが実状ではないでしょうか。そこで、このチェックシートをご用意しました。１つずつチェックをしながら、受験に向かっていってください。

＊ペーパーテスト編

①お子さんは長い時間座っていることができますか。

②お子さんは長い話を根気よく聞くことができますか。

③お子さんはスムーズにプリントをめくったり、印をつけたりできますか。

④お子さんは机の上を散らかさずに作業ができますか。

＊個別テスト編

①お子さんは長時間立っていることができますか。

②お子さんはハキハキと大きい声で話せますか。

③お子さんは初対面の大人と話せますか。

④お子さんは自信を持ってテキパキと作業ができますか。

＊絵画、制作編

①お子さんは絵を描くのが好きですか。

②お家にお子さんの絵を飾っていますか。

③お子さんははさみやセロハンテープなどを使いこなせますか。

④お子さんはお家で空き箱や牛乳パックなどで制作をしたことがありますか。

＊行動観察編

①お子さんは初めて会ったお友達と話せますか。

②お子さんは集団の中でほかの子とかかわって遊べますか。

③お子さんは何もおもちゃがない状況で遊べますか。

④お子さんは順番を守れますか。

＊運動テスト編

①お子さんは運動をするときに意欲的ですか。

②お子さんは長い距離を歩いたことがありますか。

③お子さんはリズム感がありますか。

④お子さんはボール遊びが好きですか。

＊面接対策・子ども編

①お子さんは、ある程度の時間、きちんと座っていられますか。

②お子さんは返事が素直にできますか。

③お子さんはお父さま、お母さまと３人で行動することに慣れていますか。

④お子さんは単語でなく、文で話せますか。

＊面接対策・保護者（両親）編

①最近、ご家族での楽しい思い出がありますか。

②ご両親の教育方針は一致していますか。

③お父さまは、お子さんのお家での生活や幼稚園・保育園での生活をどれくらいご存じですか。

④最近タイムリーな話題、または昨今の子どもを取り巻く環境についてご両親で話をしていますか。

section
2023 東洋英和女学院小学部入試問題

■ 選抜方法

考査は1日で、月齢で分けられたグループごとに指定された時間に集合し、約20人単位でペーパーテスト、集団テスト、運動テストを行う。所要時間は1時間30分～1時間45分。考査日前の指定日時に親子面接があり、日時は生年月日順に指定される。

ペーパーテスト

筆記用具は持参した鉛筆3本のうち2本を使用し、訂正方法は MM（ギザギザ線）。ただし模写のみ消しゴムを使用する。出題方法は口頭。

1 数 量

- クマが魚を釣っています。海に泳いでいる魚を4匹釣ったら、残りは何匹になりますか。その数だけ、魚の横のマス目に1つずつ○をかきましょう。
- ネズミたちみんなで、おにぎりを仲よく同じ数ずつ分けて食べます。それぞれのネズミは、おにぎりを何個ずつ食べられますか。その数だけ、おにぎりの横のマス目に1つずつ○をかきましょう。
- カニが海の中から3匹やって来て、岩に隠れていた2匹も出てきました。砂浜にいるカニは、全部で何匹になりますか。その数だけ、カニの横のマス目に1つずつ○をかきましょう。
- ネコたちが砂浜の貝殻を拾います。1匹が3枚ずつ拾うと、貝殻は何枚残りますか。その数だけ、貝殻の横のマス目に1つずつ○をかきましょう。
- カモメが4羽飛んでいった後、2羽戻ってきました。今、カモメは全部で何羽いますか。その数だけ、カモメの横のマス目に1つずつ○をかきましょう。

2 系列完成

- 生き物が決まりよく並んでいます。空いているところに入らない絵を下から選んで、その下の四角に×をかきましょう。
- お皿が決まりよく並んでいます。空いているところには何枚入りますか。入るお皿と同じ数の果物を下の大きな四角から探して、右側の果物の四角に○をかきましょう。

3 推理・思考（回転図形）

- 左のマス目を矢印の向きに2回コトンと倒すと、印はどのようになりますか。右側のマス目に、足りない印をかきましょう。

4 言語（しりとり）

・四角の中の絵をしりとりでつなぎます。全部つながるときは○、つながらないときは×を、下の長四角にかきましょう。

5 推理・思考（四方図）

・上の２段です。左の積み木を白や黒の矢印の向きから見ると、どのように見えますか。それぞれの矢印の右側から選んで○をつけましょう。

・３段目です。左の積み木を３つの矢印の向きからそれぞれ見たとき、どの向きからも見えない形はどれですか。右から選んで○をつけましょう。

6 模 写

黒板に上のようなお手本が貼られている。

・お手本と同じになるように、下のマス目の同じ場所に同じ印をかきましょう。

集団テスト

📖 巧緻性

折り紙が１枚用意される。モニターに映し出されるお手本を見ながら、折り紙を折る。

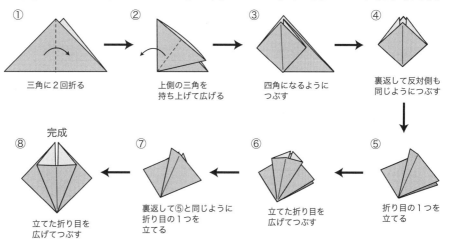

① 三角に２回折る

② 上側の三角を持ち上げて広げる

③ 四角になるようにつぶす

④ 裏返して反対側も同じようにつぶす

⑤ 折り目の１つを立てる

⑥ 立てた折り目を広げてつぶす

⑦ 裏返して⑤と同じように折り目の１つを立てる

⑧ 完成　立てた折り目を広げてつぶす

📖 行動観察（ごっこ遊び）

５人１組で行う。グループごとに男の子、女の子、おじいさん、おばあさん、お父さん、お母さんの顔が描かれたペープサートが用意される。

・このペープサートを使って、誰がどの役をするか、家族みんなでどこに出かけるかを相談して、楽しく遊びましょう。

🔖 玉入れゲーム

床に緑の線で大きな四角い枠がかかれている。枠の中にはたくさんのスポンジボールがあり、その中央にはカゴが置かれている。

・枠の中に入らないようにして、グループごとにボールをカゴに投げ入れましょう。ボールを取るときは枠の中に入ってもよいですが、必ず枠の外に戻ってから投げてください。

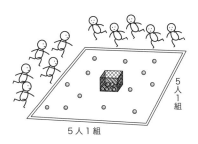

🔖 自由遊び

輪投げ、フープ、スポンジのジョイントマット、スポンジボールなどを使い、お友達と一緒に自由に遊ぶ。

運動テスト

🔖 指示行動

円形に並んで、太鼓の音に合わせて歩いたり、走ったり、スキップをしたりする。音が止まったら、指示されたポーズ（片足バランスや好きな動物のまねなど）をする。

🔖 ボールリレー

ドッジボールを持ってコーンまで走り、そこで5回ボールをつく。ボールを持って元の場所へスキップで戻り、次の人にボールを渡して列の後ろに並ぶ。

親 子 面 接

本 人

・お名前を教えてください。
・大切にしているものは何ですか。（回答により質問が発展する）

・幼稚園（保育園）でする好きな遊びは何ですか。（回答により質問が発展する）

・外遊びとお部屋で遊ぶのとどちらが好きですか。（回答により質問が発展する）

・きょうだいと何をして遊ぶのが好きですか。

・お父さんとは何をして遊びますか。

・お母さんとは何をして遊びますか。

・好きなお料理は何ですか。（回答により質問が発展する）

・好きなおやつは何ですか。

・宝物はありますか。あれば、教えてください。

・今、一番欲しいものは何ですか。

父 親

・数ある小学校の中で、なぜ本校を志望されましたか。

・他校について何校くらい研究されましたか。

・お仕事の内容をお話しください。（回答により質問が発展する）

・どのようなお子さんですか。

・お子さんと過ごしてきた中で、最も印象に残っているエピソードは何ですか。

・(姉がいる場合) 違う学校に通わせようと思った理由は何ですか。

・女子教育について、どのように考えていますか。

・幼稚園（保育園）の送迎や行事参加、緊急時の対応はご夫婦でどのようにされていますか。

・入学後しばらくは送迎が必要ですが、どのように対応しますか。

・おじいさま、おばあさまはどちらにお住まいですか。（送迎のサポートと関連づけて）

母 親

・出身校についてお話しください。

・お仕事について、時短勤務の期間について教えてください。

・お仕事の経験を通し、お子さんに伝えたいことはありますか。

・大学で学ばれたことと現在のお仕事の関連性はありますか。

・小学校時代の思い出を教えてください。

・お母さまご自身の小さいころの夢は何でしたか。

・どのような幼稚園（保育園）ですか。園での様子をお聞かせください。

・お子さんは平日、お母さんと何をして過ごすことが楽しいと思いますか。

・子育てで重視していることはありますか。

・入学後1ヵ月は送迎が必要ですが、お仕事をしながらのお迎えは可能ですか。

※そのほか、当日記入したアンケートや子どもの回答に関連した質問をされることもある。

| **面接資料／アンケート** | 面接当日に受付窓口で配付されたアンケート用紙に、父母別々に記入して提出する。 |

〈父親のテーマ〉

・平日、お子さんとお父さまが一緒に過ごす時間はどれくらいですか。また何をしていますか。

〈母親のテーマ〉

・平日、お子さんとお母さまが一緒に過ごす時間はどれくらいですか。また何をしていますか。

※ほかに、両親ともに出身校、職業、特技、ボランティア活動など願書に書ききれなかったことを自由に記入する。

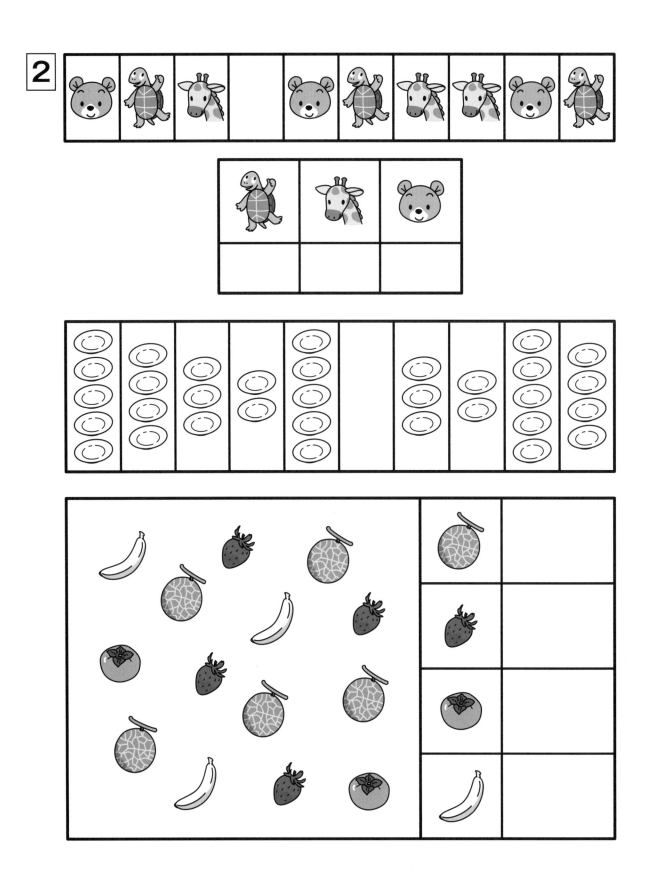

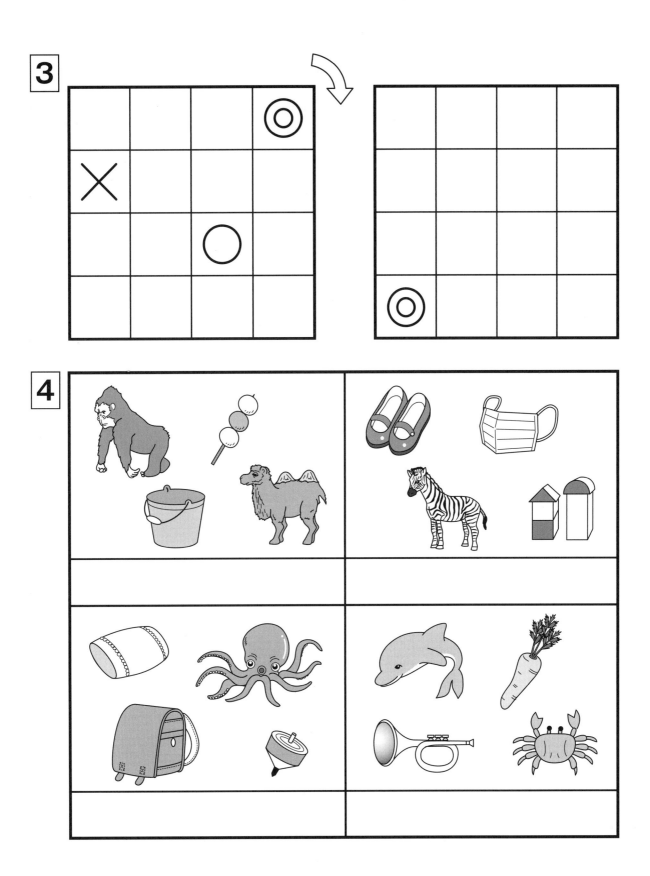

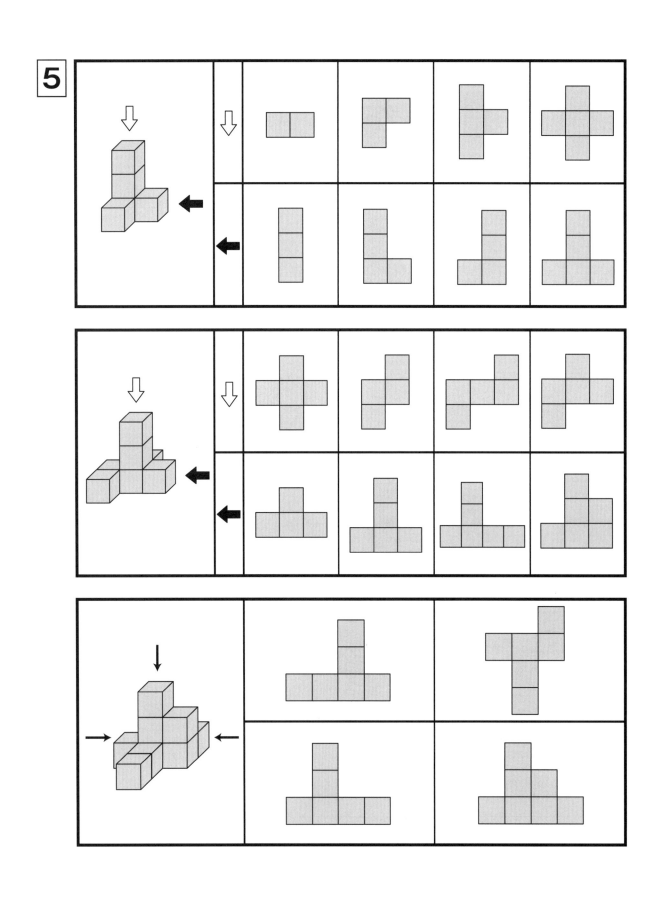

6

【お手本】

2022 東洋英和女学院小学部入試問題

■ 選抜方法

考査は1日で、月齢で分けられたグループごとに指定された時間に集合し、20〜30人単位でペーパーテスト、集団テスト、運動テストを行う。所要時間は1時間30分〜1時間45分。考査日前の指定日時に親子面接があり、日時は生年月日順に指定される。

ペーパーテスト	筆記用具は持参した鉛筆3本のうち2本を使用し、訂正方法は MM（ギザギザ線）。ただし点図形のみ消しゴムを使用する。出題方法は話の記憶のみ音声で、ほかは口頭。

1 話の記憶

床に正座してお話を聞き、聞き終わったら各自の席に戻る。

「今日はお休みの日ですが、ようこさんは朝早く起きました。楽しいことがあるからです。カーテンを開けると、雲と雲の間から太陽が見えました。今日は、お友達のはなこさんとタンポポ公園へピクニックに行くのです。台所に行くと、お母さんが目玉焼きとウインナーを炒めた朝ごはんを作っていました。朝ごはんを食べ終わると、今日がはなこさんのお誕生日だったことを思い出しました。『そうだ、あれを作らなくちゃ！』ようこさんは小麦粉とバター、そしてお砂糖を用意して、お母さんと一緒にクッキーを焼きました。『今日のピクニックで、はなこさんのお誕生日会をしましょう！』と、ようこさんはワクワクしてきました。お庭に咲いているコスモスを摘み、紙に包んでリボンを結んだら、花束のできあがりです。ようこさんはバスケットにハンカチと水筒を入れ、クッキーと花束のプレゼントを持って出かけていきました」

・1段目です。ようこさんが起きたときのお天気の様子に○をつけましょう。
・2段目です。ようこさんが出かけた公園の名前に合う絵に○をつけましょう。
・3段目です。プレゼントを作るのに、使わなかったものに○をつけましょう。
・4段目です。ようこさんがお母さんと一緒に作ったものに○をつけましょう。
・5段目です。ようこさんがバスケットに入れたものに○をつけましょう。
・一番下の段です。このお話の季節の絵に○をつけましょう。

2 数 量

動物たちがクリスマスパーティーをしています。
・パーティーのお料理に使うジャガイモを、ウサギさんが1軒目のスーパーマーケットで

２つ買いました。その後やっぱり足りないと思って、２軒目のスーパーマーケットで３つ買いました。ジャガイモは全部でいくつになりましたか。その数だけ、ジャガイモの横のマス目に１つずつ○をかきましょう。

・クリスマスツリーに９つのリボンを飾りました。今見えていないところに、リボンはいくつ飾られていますか。その数だけ、リボンの横のマス目に１つずつ○をかきましょう。

・プレゼントは全部でいくつありますか。その数だけ、プレゼントの横のマス目に１つずつ○をかきましょう。

・リスさんがロウソクを10本買いました。でも、転んで４本折れてしまいました。今、折れていないロウソクは何本ありますか。その数だけ、ロウソクの横のマス目に１つずつ○をかきましょう。

・テーブルの上にあるイチゴを全部２つに切り分けると、イチゴはいくつになりますか。その数だけ、イチゴの横のマス目に１つずつ○をかきましょう。

・このパーティーに、ネズミさんは７匹招待されています。テーブルの下にはネズミさんが２匹隠れています。まだやって来ていないネズミさんは何匹ですか。その数だけ、ネズミさんの横のマス目に１つずつ○をかきましょう。

③ 言　語

全部の絵の中で、これから言うことに合う絵を探して、絵の右上の四角にそれぞれ印をかきましょう。
・名前のどこかにつまる音があるものに○をかきましょう。
・名前のどこかに濁った音があるものに△をかきましょう。
・名前のどこかに伸ばす音があるものに◎をかきましょう。

④ 位　置

教室の席の絵があります。前には先生の机もあります。
・たろう君の席は、星のところです。じろう君の席は、たろう君の席から左に２つ、上に３つ、右に４つ、下に２つのところです。じろう君の席に○をかきましょう。

⑤ 推理・思考（重さ比べ）

・上の小さな四角がお約束です。このお約束のとき、下の４つのシーソーの中から正しい様子のものを選んで、○をつけましょう。

⑥ 系列完成

・決まりよく印や絵が並んでいます。空いているところに入るとよいものを、それぞれのすぐ下から選んで○をつけましょう。

7 推理・思考

・アイスキャンディーがあります。一番長く外に置いてあったものはどれですか。絵の右上の四角に〇をかきましょう。

8 点図形

・上のお手本と同じになるように、すぐ下にかきましょう。

集団テスト

📑 巧緻性

持参したはさみを使用して行う。8つの形がかかれた黄色い台紙（B5判）が各自に用意されている。

・台紙から、形を全部はさみで切り取ってください。

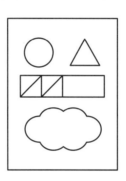

📑 行動観察（共同制作）

4人程度のグループに分かれて床の上に座って行う。グループごとに模造紙1枚と、女の子（全身）が描かれたシール2枚が用意されている。巧緻性の課題で各自が切り取った形と、持参したスティックのりを持ち寄る。

・切り取った形と女の子のシールを使って、みんなで協力して1つの絵を作ります。まず、形を組み合わせてどんな絵にするか相談しましょう。

・決まったら、大きな紙にスティックのりで形を貼っていきましょう。女の子のシールも貼ってください。

📑 玉入れゲーム

ピンク、赤、黄色のリボンのうち1本をテスターからもらい、自分のおなかに巻いて、前でチョウ結びをする。リボンの色ごとにチームになる（後のリレーや運動が終わったら、おなかのリボンはほどいてたたみ、カゴに入れる）。軟らかい玉を1人2つずつ持って、

高いところにあるカゴに投げ入れる。床に落ちた玉は拾って投げてよい。

ピンポン球リレー

1人1つずつレンゲを持ち、チームごとに1列に並ぶ。先頭の人は、レンゲにピンポン球を載せてスタートする。ピンポン球を落とさないように折り返し地点のコーンを回って戻り、次の人へ手を使わずレンゲからレンゲにピンポン球を移す。次の人も同じようにピンポン球を運び、早く全員が運び終えたチームの勝ち。

運動テスト

模倣体操

「さんぽ」の曲に合わせて、テスターの指示通りに体を動かす。その場で足踏みをしたり、腰に手を当ててリズムに合わせて体を揺らしたり、スキップをする。

連続運動

・スタートからコーンまで走る→コーンからケンケンで戻る。2回目は、グーパーで戻るなど異なる指示で行う。

・スタートからコーンまでクマ歩き→コーンから横向きのギャロップで手をチョキにして戻る。

親 子 面 接

本 人

・お名前、幼稚園（保育園）の名前を教えてください。
・大切にしているものや、宝物は何ですか。
・今欲しいものは何ですか。
・何か楽器を弾けますか。
・もし魔法が使えたら、何がしたいですか。
・お手伝いは何をしていますか。
・幼稚園（保育園、お家、外など）でする好きな遊びは何ですか。
・好きな動物は何ですか。
・好きな食べ物は何ですか。

父 親

- ご自身がご両親から教えられたことで、お子さんに引き継ぎたいことは何ですか。
- ご自身が小中高を含めて学生時代に頑張ったことで、お子さんに引き継ぎたいことはありますか。
- 父親がすることで、家族に一番喜ばれることは何だと思いますか。
- どんな父親でありたいと思いますか。
- お子さんからはどのような父親だと思われていると思いますか。
- お子さんとご自身が似ているところはどのようなところですか。
- 奥さまのよいところで、お子さんが似ているところはどこですか。
- 奥さまとお子さんのかかわりを見て、どう思われますか。
- 奥さまの子育てで感心することは何ですか。
- 家事の分担はどのようにしていますか。
- 子どものころになりたかったご職業は何ですか。
- 家族で大切にしているイベントはありますか。
- 今年の夏はどこに行きましたか。
- お子さんと何をして遊びますか。
- どのようなときに幸せを感じますか。
- お誕生日のプレゼントは、何を贈られましたか。

母　親

- 女子校教育をどう思われますか。
- 受験準備で大変だったと思いますが、どのようなことに気をつけていましたか。
- ゴールデンウイークまで送迎が必要ですが、大丈夫ですか。行事に参加できますか。
- お子さんの健康管理で気をつけていることは何ですか。
- お子さんが泣いて幼稚園から帰ってきたらどうしますか。
- 子育てで、気をつけていることは何ですか。
- お子さんが好きなお母さまの得意料理は何ですか。
- どのようなときにお子さんをほめますか、しかりますか。
- お子さんの目がキラキラしているのはどのようなときですか。
- ご夫婦で意見の不一致があったときはどうしますか。
- お子さんが生まれて、ご自身が変わったと思うことは何ですか。
- ご自身が人生で一番成長したのはいつですか。
- 子どものころは、どのようなお子さんでしたか。
- ご自身が子どものころ、父親としたことは何ですか。
- ご自身のお母さまの子育てをどのように思いますか。
- お誕生日のプレゼントは、何を贈られましたか。

面接資料／アンケート

面接当日に受付窓口で配付されたアンケート用紙に、父母別々に記入して提出する。

〈父親のテーマ〉

・帰宅時間は何時ごろですか。

・1週間のうちどれくらいお子さんと一緒に夕飯を召し上がりますか。

〈母親のテーマ〉

・お子さんの通園施設での保育時間は何時から何時までですか。

※ほかに、両親ともに職業、特技、ボランティア活動など願書に書ききれなかったことを自由に記入する。

1

3

⛵	🍳	🚲	🎄
🍰	🎒	🥿	🍇
✏️	🏊	🚀	🌼
🦁	🍍	🥕	🧹

4

5

6

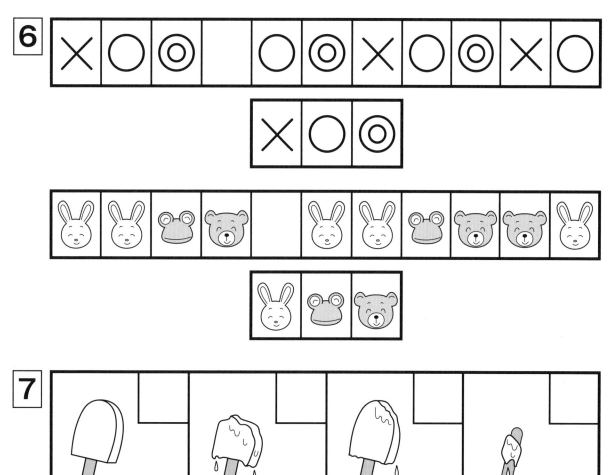

7

section 2021 東洋英和女学院小学部入試問題

■ 選抜方法

考査は1日で、月齢で分けられたグループごとに指定された時間に集合し、約20人単位でペーパーテスト、集団テスト、運動テストを行う。所要時間は約1時間30分。考査日前の指定日時に親子面接があり、日時は生年月日順に指定される。

┃ ペーパーテスト

筆記用具は鉛筆2本を使用し、訂正方法は MM（ギザギザ線）。出題方法は口頭。

1 数 量

- 絵の中のウサギの耳の数は全部で何本ですか。その数だけ、ウサギの横のマス目に1つずつ○をかきましょう。
- サルが木になっているリンゴを2個ずつ食べると、リンゴはいくつ余りますか。その数だけ、サルの横のマス目に1つずつ○をかきましょう。
- 鳥が6羽飛んでいます。3羽飛んでいきましたが1羽戻ってきました。今いる鳥は、合わせて何羽になりましたか。その数だけ、鳥の横のマス目に1つずつ○をかきましょう。
- 池の中にワニが2匹潜っています。では、池の中のワニと池の外にいるワニを合わせると全部で何匹になりますか。その数だけ、ワニの横のマス目に1つずつ○をかきましょう。

2 常識（昔話）

- それぞれの段に、昔話の絵が描いてあります。何のお話かを考えてお話の順番に並べ替えたとき、3番目になる絵の右上の四角に○をかきましょう。また、そのお話に出てこない絵の右上の四角に×をかきましょう。

3 言 語

全部の絵の中で、これから言うことに合う絵を探して、絵の右上にある四角にそれぞれ印をかきましょう。
- 名前のどこかに「バビブベボ」の音が入っているもの全部に○をかきましょう。
- 名前の途中に「ン」の音が入っているもの全部に△をかきましょう。

4 推理・思考（重ね図形）

左の2枚の絵は、それぞれ透き通った紙にかかれています。

・1段目と2段目です。左の2枚の絵をそのままの向きで重ねると、どのようになりますか。正しいものを右から選んで○をつけましょう。
・3段目です。左の2枚の絵のうち、左側を右側にパタンと倒して重ねると、どのようになりますか。正しいものを右から選んで○をつけましょう。

5 位　置

・女の子が靴箱に靴をしまいます。真ん中の上履きが入っているところから左に2つ、下に1つのところにしまいました。女の子が靴をしまったところに○をかきましょう。
・次は男の子が靴をしまいます。真ん中の上履きが入っているところから下に2つ、右に1つ、上に3つのところにしまいました。男の子が靴をしまったところに◎をかきましょう。

6 推理・思考（四方図）

・列ごとに、一番上の絵を見てください。絵の中にウサギがいて、お家の向こう側にいたり、気球に乗っていたり、家族の向こう側にいたりします。これらのとき、ウサギからはどのように見えているでしょうか。正しい絵をそれぞれその下から選んで○をつけましょう。

7 話の理解

・ニンジンとキュウリ、トマトで重さ比べをしました。ニンジンはトマトより重く、トマトはキュウリより重いです。では、この中で一番重いものはどれですか。その野菜の下の四角に○をかきましょう。また、一番軽いものには×をかきましょう。

8 巧緻性

・花びらと、ライオンのたてがみの点線を、黒丸から始めてなぞりましょう。

集団テスト

◤ 制　作

赤と青の折り紙が1枚ずつ用意されている。映像でテスターが折るお手本を見ながら、赤の折り紙で同じように折る。残りの青の折り紙では好きなものを折る。

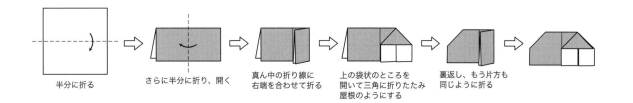

半分に折る　　さらに半分に折り、開く　　真ん中の折り線に　　上の袋状のところを　　裏返し、もう片方も
　　　　　　　　　　　　　　　　　　　右端を合わせて折る　　開いて三角に折りたたみ　同じように折る
　　　　　　　　　　　　　　　　　　　　　　　　　　　　屋根のようにする

行動観察

4人1組で行う。「森のくまさん」の曲に合わせて、テスターが曲の初めから途中まで、リズムに合わせてひざを曲げる踊りのお手本を見せる。その続きの振りつけをグループで相談して決めて練習した後、グループごとに踊る。相談や練習をするときは四角いマットを囲むようにして立ち、お友達との距離をとって行うよう指示があった。

集団ゲーム

120cmの長さの緑、ピンク、白、赤、黄色のリボンのうち1本をテスターからもらい、自分の腰に巻いて、前でチョウ結びをする（できないときはテスターが手伝ってくれる）。リボンの色ごとにグループになり横一列に並び、テスターと足ジャンケンをする。負けたらその場に体操座りをし、勝った人とあいこの人は立ったままで続け、最後まで残った人の勝ち。グーは両足を閉じ、チョキは両足を前後に開き、パーは両足を左右に開くというお約束で行う。

運動テスト

スキップ

両手を肩の上に置いたり下ろしたりする動きをくり返しながらスキップで進み、帰りはスキップだけで戻ってくる。

親 子 面 接

本 人

・お名前、幼稚園（保育園）の名前を教えてください。
・幼稚園（保育園）で最初にすることは何ですか。
・幼稚園（保育園）で何をするのが一番好きですか。
・幼稚園（保育園）での好きな遊びは何ですか。いつも何人ぐらいと遊びますか。
・公園で何をして遊ぶのが好きですか。

・お家では誰と何をして遊びますか。

・きょうだいとは何をして遊びますか。

・お休みの日は何をしていますか。

・雨の日は何をしていますか。

・今日の朝ごはんは何を食べましたか。

・お母さんが作るお料理で一番好きなものは何ですか。

・お誕生日にいただいたプレゼントは何ですか。

・宝物は何ですか。

・生き物は何か飼っていますか。

・夏休みに楽しかったことは何ですか。

・将来の夢（なりたいもの）は何ですか。

・小学生になったら何を頑張りたいですか。

父　親

・本校の教育プログラムに期待することは何ですか。

・キリスト教教育についてどのようにお考えですか。

・通っている幼稚園（保育園）に入ってよかったことは何ですか。

・幼稚園（保育園）行事で印象に残っていることは何ですか。

・お子さんからどんな父親だと思われていると思いますか。

・お子さんとどのように遊ぶのが好きですか。

・お子さんのよいところはどこですか。

・お子さんとご自身の似ているところはどこですか。

・お子さんと奥さまの似ているところはどこですか。

・ご自身が学生時代に熱中したことは何ですか。

・奥さまが働いていることで、家事分担はされていますか。

・お食事を作られているとのことですが、ご家族に好評だったメニューは何ですか。

・奥さまの作るお料理で、好きなものは何ですか。

・奥さまの子育てでよいと思うことは何ですか。

・ご家族の幸せを感じるのは、どのようなときですか。

母　親

・ご自身がキリスト教教育を受けてきた中で印象に残っているエピソードはありますか。

・ご自身の子どものころの夢は何でしたか。

・ご自身は子どものころ、どのような職業に就きたいと思いましたか。

・ご自身は子どものころ、どのようなお子さまでしたか。

・5月末まで送迎がありますが大丈夫ですか。緊急時のお迎えは大丈夫ですか。

・ご夫婦ともに働いていますが、近くにサポートしてくれる方はいますか。

・お子さんと接するときに気をつけていることはどのようなことですか。

・お子さんにおもちゃを買う際に気をつけていることはありますか。

・食事のときに注意していることは何ですか。

・最近お子さんが1人でできるようになったことは何ですか。

・どんなときにお子さんをほめますか（しかりますか）。

・お子さんが好きなお母さまの料理は何ですか。

・お子さんの瞳がキラキラするのは、どのようなときですか。

・お子さんに言われて一番うれしかったことは何ですか。

・子育てを通じて得られるのはどのようなことですか。

・ご自身が親になって、以前と変わったのはどのようなところですか。

・お子さんが幼稚園（保育園）から泣いて帰ってきたらどうしますか。

・受験に向けて大変だったと思いますが、気をつけていたことはどのようなことですか。

面接資料／アンケート 面接当日に受付窓口で配付されたアンケート用紙に、父母別々に記入して提出する。

〈父親のテーマ〉

・帰宅時間は何時ごろですか。

・1週間のうちどれくらいお子さんと一緒に夕飯を召し上がりますか。

〈母親のテーマ〉

・幼稚園（保育園）の保育時間を教えてください。

・食事の際に気をつけていることは何ですか。

※ほかに、両親ともに特技、職業、ボランティア活動など願書に書ききれなかったことを自由に記入する。

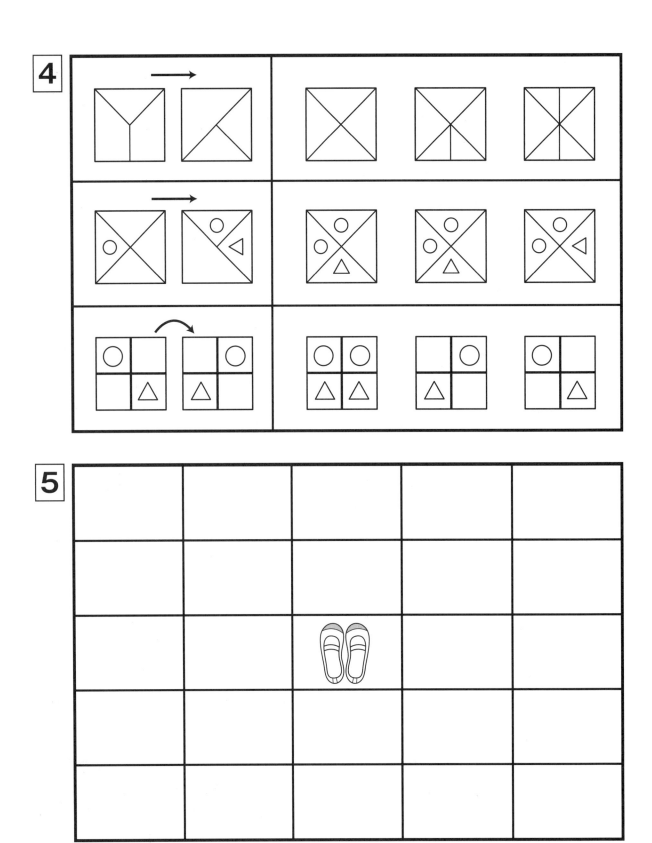

8

2020 東洋英和女学院小学部入試問題

■ 選抜方法

考査は1日で、月齢で分けられたグループごとに指定された時間に集合し、ペーパーテスト、集団テスト、運動テストを行う。所要時間は約2時間。考査日前の指定日時に親子面接があり、日時は生年月日順に指定される。

┃ ペーパーテスト ┃ 筆記用具は鉛筆2本を使用し、訂正方法は MM（ギザギザ線）。出題方法は口頭。

---

1 話の記憶

「クリスマスイブの出来事です。サンタさんのお手伝いに、2匹のウサギが月からやって来ました。2匹がやって来たときは、嵐のように風が強く吹き荒れていました。『こんな天気では、サンタさんがプレゼントを届けるのは大変だな』。2匹はそう言いながら、サンタさんのお家でお手伝いを始めました。しばらくしてから窓を開けてみると、さっきまでの風はやんで静かに雪が降っていました。安心した2匹は、サンタさんのお手伝いを続けました。そのとき、ウサコちゃんがプレゼントにつけるリボンを1つ見つけました。『あら、ステキなリボン』。それからのウサコちゃんは、お手伝いはそっちのけです。まず、しっぽにリボンをつけてみました。『なんだか格好悪いな』と思い、次に左耳につけてみました。『うーん、似合わないな』。今度はもう片方の耳につけてみました。『これが一番いいわ』と、ウサコちゃんは大満足です。それを見ていたウサキチ君は『僕もリボンをつけてみたいな』と思い、お部屋の中にほかのリボンがないか探し始めました。『あった！』ウサキチ君は見つけたリボンをおなかにつけてみました。『なんだか、おへそみたい』。様子がおかしかったので、今度は手首につけてみました。『なんだか格好悪いな』と思い、今度は足につけてピョンピョン跳ねてみました。『ジャンプをするのにじゃまだな』と思っていると、それを見ていたウサコちゃんが『足より、首につけた方が似合うわよ』と言いました。ウサキチ君は『そうだね』と言って、首につけることにしました。リボンをつけ直していると、『あっ！ サンタさんの乗ったソリが出発してしまったわ』とウサコちゃんが外を見て悲しそうに言いました。『僕たちは何のために月からやって来たんだろう。これではサンタさんに申し訳ない……』。ウサキチ君もしょんぼりしています。すると、2匹は机の上にメモが置かれているのに気がつきました。読んでみると、『病気で寝ている男の子には暖かい帽子を届けてください。おばあさんのところには本を届けてください。メリークリスマス。サンタより』と書いてありました。2匹はプレゼントを持つと、急いで出かけていきました」

・1段目です。ウサコちゃんはリボンを最後にどのようにつけましたか。合う絵に○をつけましょう。

・2段目です。ウサキチ君は、リボンをつけてどんなことをしましたか。合う絵に○をつけましょう。

・3段目です。2匹のウサギがサンタさんのお家にやって来たとき、どのような天気でしたか。合う絵に○をつけましょう。

・下の2段です。2匹のウサギが男の子に届けるものに○、おばあさんに届けるものに△をつけましょう。

② 言語（しりとり）

・左上の星から右下の三日月まで、しりとりでできるだけ長くつながるように、描いてある絵に線を引きましょう。

③ 数量・観察力

・絵の中のウサギとリスを合わせると、全部で何匹になりますか。その数だけマス目に1つずつ○をかきましょう。

・鳥が3羽飛んでいます。後から2羽飛んできました。合わせて何羽になりましたか。その数だけマス目に1つずつ○をかきましょう。

・絵の中のリスが、木になっているリンゴを2個ずつ食べるとすると、リンゴは何個足りませんか。その数だけマス目に1つずつ○をかきましょう。

・3匹のウサギが、絵の中のお花を左右の耳に1本ずつ、しっぽに1本つけると、お花は何本余りますか。その数だけマス目に1つずつ○をかきましょう。

・絵の中に、はなこさんのイヌがいます。はなこさんのイヌは耳が立っていて、体は黒いですが足先だけが白く、しっぽが短いです。絵の中のはなこさんのイヌに○をつけましょう。

④ 言　語

全部の絵の中で、これから言うことに合う絵を探して、絵の右上にある小さな四角にそれぞれ印をかきましょう。

・名前のどこかに「バビブベボ」の音が入っているもの全部に○をかきましょう。

・名前のどこかに「パピプペポ」の音が入っているもの全部に×をかきましょう。

・名前のどこかに伸ばす音が入っているもの全部に△をかきましょう。

⑤ 言　語

女の子がいろいろなことをしています。右上の四角に印をかきましょう。

・「はく」ことをしている絵に○をかきましょう。

・「たたむ」ことをしている絵に△をかきましょう。

・「しぼる」ことをしている絵に×をかきましょう。

6 推理・思考（重ね図形）

・左側の2枚の絵は、透き通った紙にかかれています。2枚の絵をそのままずらして重ねると、どのようになりますか。正しいものを右から選んで○をつけましょう。

7 推理・思考（回転図形）

・左の絵を矢印の方向に2回コトンコトンと倒すとどのようになりますか。正しいものを右から選んで○をつけましょう。

8 推理・思考（ひも）

・ひもの絵があります。両端を引っ張ったとき結べるものを選んで、右上の四角に○をかきましょう。

9 系列完成

・決まりよく絵が並んでいます。空いているところに入るとよいものを、すぐ下から選んで○をつけましょう。

10 推理・思考（対称図形）

・左端のように折り紙を折り、黒いところを切って広げるとどのようになりますか。正しいものを右から選んで○をつけましょう。

11 巧緻性

葉っぱが描かれた台紙、ブドウの実と囲むように線が描かれた台紙、クーピーペン(黄緑、緑、ピンク、紫、水色)、つぼのり、はさみ、ウェットティッシュが用意されている。

・台紙のブドウの実と葉っぱを好きな色のクーピーペンで塗りましょう。

・葉っぱをはさみで切り取り、ブドウの台紙にのりで貼りましょう。手はウェットティッシュでふいて下さい。貼り終わったら、ブドウの周りの線をはさみで切りましょう。

集団テスト

自由遊び

おままごとセット、ビーチボール、フープ、輪投げ、平均台、スポンジ素材のボール、マット、大きなブロックなどを使い、お友達と一緒に自由に遊ぶ。

発表力

5人1組で、テスターの質問に答える。

・（動物の話を聞いた後で）生き物を飼ったことはありますか。飼ってみたい生き物はいますか。

・好きなお菓子は何ですか。

・好きな色は何色ですか。

行動観察

5人ずつグループに分かれて行う。折り紙が用意されている。5人の中で1人を決める。その1人が何を折るかを決め、折り方をほかのお友達に教えてみんなで同じものを折る。

生活習慣

防災頭巾を風呂敷で包んだお手本、防災頭巾、風呂敷が机の上に置いてある。

・お手本をよく見てください。防災頭巾を風呂敷で包み、ほどけないようにかた結びをしてください。

運動テスト

指示行動

・手をたたきながらスキップする。笛が鳴ったら片足バランスをして、テスターが10数えるまで続ける。

・手をたたきながらスキップする。笛が鳴ったらつま先立ちをして、テスターが10数えるまで続ける。数え終わる前にかかとが床に着いた場合は、その場で体操座りをして待つ。

親 子 面 接

本 人

・お名前、年齢、幼稚園（保育園）の名前を教えてください。

・幼稚園（保育園）で好きな遊びは何ですか。

・お家では誰と何をして遊びますか。

・きょうだいとは何をして遊びますか。

・公園では何をして遊びますか。

・夏休みに楽しかったことは何ですか。

・雨の日には何をしていますか。

・お誕生日にいただいたプレゼントは何ですか。

・何か生き物を飼っていますか。

・あなたの宝物は何ですか。

・小学生になったら何を頑張りたいですか。

・大きくなったら何になりたいですか。

父　親

・本校の教育プログラムに期待することは何ですか。

・キリスト教教育についてどのように思われますか。

・お子さんとは何をして遊びますか。

・お子さんはどんな遊びが好きですか。

・お子さんのよいところはどこですか。

・お子さんとかかわる時間はどのくらいありますか。

・最近お子さんが成長したと思う点はどのようなところですか。

・ご自分とお子さんの似ているところは、どのようなところですか。

・お子さんからはどのような父親だと思われていますか。

・幼稚園（保育園）の行事で、心に残っていることは何ですか。

・学生時代に熱中したことは何ですか。

・奥さまはお仕事をお持ちですが、家事の分担はされていますか。

・お食事を作られているとのことですが、ご家族に好評なメニューは何ですか。

・お子さんと奥さまの似ているところは、どのようなところですか。

・奥さまが作るお料理で、好きなものは何ですか。

・奥さまの子育てについて、よいと思うことは何ですか。

・ご家族の幸せを感じるのは、どのようなときですか。

母　親

・お子さんにおもちゃを買う際に、気をつけていることはありますか。

・お子さんの瞳がキラキラするのは、どのようなときですか。

・お子さんはお母さまの作るどのようなお料理が好きですか。

・お子さんの長所、短所について教えてください。

・どのようなときにお子さんをほめますか。どのようなときにしかりますか。

・お子さんは習い事をしていますか。

・最近お子さんが１人でできるようになったことは何ですか。

・小学校時代、ご自身はどのようなお子さんでしたか。

・ご自身がキリスト教教育を受けてきた中で印象に残っているエピソードはありますか。
・5月いっぱいは送迎の必要があります。お仕事をされていますが、大丈夫ですか。
・緊急のときのお迎えはどなたがされますか。
・子育てについて、ご実家の協力を得られますか。
・ご自身が子育てで成長できたことはどのようなところですか。
・ご自身が親になって、以前と変わったのはどのようなところですか。
・お子さんと接するときに、気をつけているのはどのようなことですか。
・お子さんに言われて一番うれしかったことは何ですか。
・お子さんが幼稚園（保育園）から泣いて帰ってきたらどうしますか。
・子育てを通して得られるのはどのようなことですか。
・ご家族の生活、健康面で気をつけていることはどのようなことですか。
・受験に向けての準備が大変だったと思いますが、気をつけていたことはどのようなことですか。
・お子さんの将来の夢に対して、何かコメントはありますか。

面接資料／アンケート
面接当日に受付窓口で配付されたアンケート用紙に、父母別々に記入して提出する。

〈父親のテーマ〉
・帰宅時間は何時ごろですか。
・1週間のうちどれくらいお子さんと一緒に夕飯を召し上がりますか。
・願書に書ききれなかったことがあったらお書きください。
〈母親のテーマ〉
・お子さんと接するときに気をつけていることは何ですか。
・願書に書ききれなかったことがあったらお書きください。
※ほかに、両親ともに出身校、特技、職業、ボランティア活動などを自由に記入する。

1

2

3

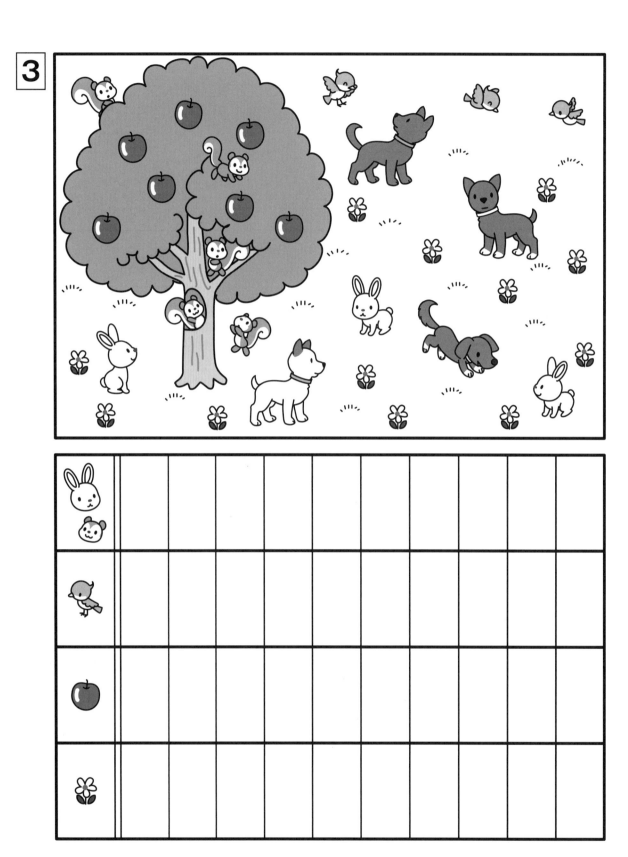

4

5

6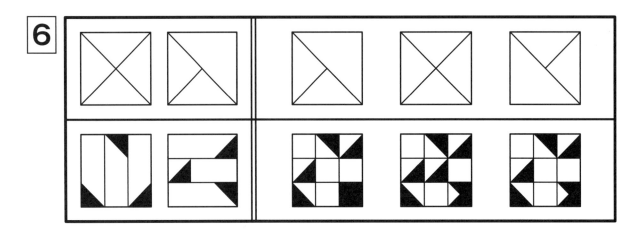

7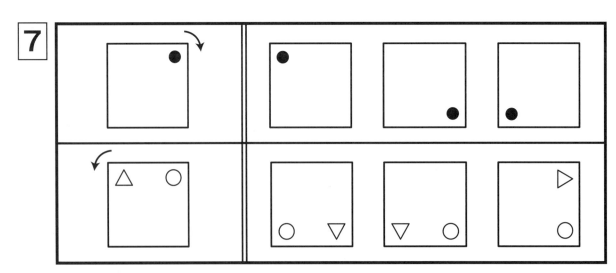

8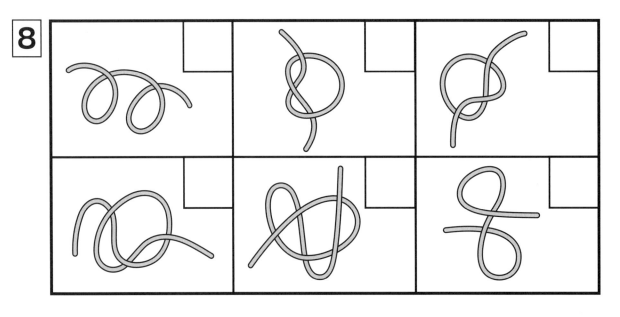

9

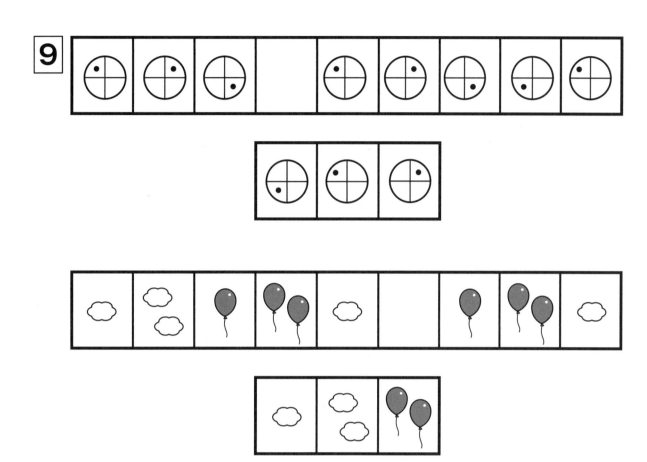

10

〈用意されているもの〉

〈葉っぱの台紙〉

〈ブドウの台紙〉

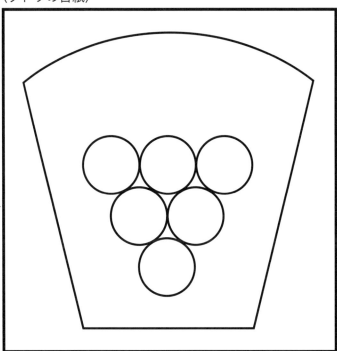

【完成図】

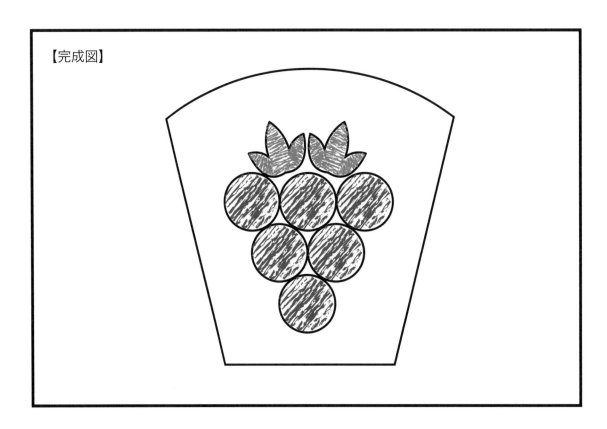

section 2019 東洋英和女学院小学部入試問題

■ 選抜方法

考査は１日で、月齢で分けられたグループごとに指定された時間に集合し、ペーパーテスト、集団テスト、運動テストを行う。所要時間は約２時間。考査日前の指定日時に親子面接があり、日時は生年月日順に指定される。

┃ ペーパーテスト ┃ 筆記用具は鉛筆２本を使用し、訂正方法は ∧∧∧（ギザギザ線）。出題方法は口頭。

1 話の記憶

上の地図を見ながらお話を聞く。

「ウサギさんは、おじいさんのお見舞いに病院へ行くことになりました。入院しているおじいさんが過ごしやすいように、スリッパを買って持っていこうと思いました。さっそくお家の近くにある靴屋さんに出かけましたが、スリッパは売り切れていました。『ああ、残念。そうだ、着替え用のパジャマを持っていこう』と思ったウサギさんは、パジャマを取りにお家に戻りました。それから果物屋さんに行き、おじいさんの大好きなミカンを３個、メロンを１個買いました。『おじいさんの好きなメロンパンも買っていこう』とパン屋さんに寄りましたが、残念ながらこれも売り切れていました。『どうしようかしら』と思っていると、目の前の原っぱにかわいらしいお花が咲いていました。『そうだ！ お花を持っていこう』と、ウサギさんはお花を摘んで花束にしました。それから病院に行くバスに乗るためにバス停に向かう途中で、リスさんに出会いました。『花束を持ってどこへ行くの？』とリスさんが聞くので、ウサギさんがわけを話すと、『おじいさん、きっと喜ぶよ。気をつけてね』と言ってくれました。バス停でしばらく待っていると、バスがやって来ました。ウサギさんはドングリ模様のバスに乗りたかったのですが、やって来たのはモミジ模様のバスでした。ウサギさんはバスに乗り、くねくね道を通って病院に行きました。くねくね道の先には病院の建物が３つあり、おじいさんが入院しているのは、一番右の建物です。その３階の、右から２つ目のお部屋です。ウサギさんはお見舞いを持って、急いで向かいました」

・左下の１段目です。ウサギさんがお見舞いに行く途中に出会った動物に○をつけましょう。
・２段目です。ウサギさんが乗ったバスはどんな模様のバスでしたか。○をつけましょう。
・３段目です。ウサギさんがお見舞いに持って行ったものがこの中に２つあります。○を

つけましょう。

・ウサギさんは果物を買いました。メロンとミカンを合わせていくつ買いましたか。その数だけ、メロンとミカンの横の四角に〇をかきましょう。

・おじいさんが入院していたのはどの部屋ですか。右下の病院の窓に〇をかきましょう。

2 数 量

動物たちが楽しそうにパーティーをしています。

・1本のチューリップに、チョウチョが1匹ずつ止まります。チョウチョが止まらないチューリップは何本ですか。チューリップの絵の横に〇をかきましょう。

・それからチョウチョが3匹飛んできましたが、その後今度は2匹飛んでいってしまいました。チョウチョは何匹になりましたか。チョウチョの絵の横にその数だけ〇をかきましょう。

3 推理・思考（断面図）

・デコレーションケーキを左端のように半分に切ると、切り口はどんな形になりますか。右から選んで、その形の下の四角に〇をかきましょう。

4 推理・思考（四方図）

・上の絵の中で、クマさんから見ているコップ、お皿、フォークの正しい絵を選んで、右上の四角に〇をかきましょう。

5 常 識

・上です。左端の花と同じ季節の花を右から1つ選んで、右上の四角に〇をかきましょう。

・下です。左端のものと同じところに身に着けるものを右から1つ選んで、右上の四角に〇をかきましょう。

6 常識（生活）

四角の中に、いろいろなものの絵があります。

・お料理をするときに使うものを選んで、右上の四角に〇をかきましょう。

・幼稚園や保育園、遠足などに行くときに、ポケットの中に入れるものに◎をかきましょう。

・虫歯にならないようにするためのものに△をかきましょう。

・窓や机のお掃除をするときに一緒に使うものを選んで×をかきましょう。

・床や庭のお掃除をするときに一緒に使うものを選んで□をかきましょう。

7 系列完成

・マス目の中に、生き物たちが決まりよく並んでいます。空いている四角の中で、キリンが入るところに○をかきましょう。

8 推理・思考（回転図形）

・左端のお手本の形が、右や左にコトンと倒れてもそのようにはならないものを、右から選んで○をつけましょう。

9 常 識

・左端のものを縦に切ったときの様子を右から選んで、右上の四角の中に○をかきましょう。

10 言 語

・いろいろな野菜の絵があります。名前に同じ音が2つ入っているものを選んで、右上の小さい四角に○をかきましょう。
・女の子の顔の中で、「マントヒヒ」のように同じ音が続くところはどこですか。その四角に○をかきましょう。
・女の子の顔の中で、「ガギグゲゴ」の音のどれかが入っているところはどこですか。その四角に◎をかきましょう。

11 巧緻性

・カタツムリが池まで進んでいきます。黒い丸から黒い丸まで、周りの線にぶつからないように道の真ん中に鉛筆で線を引きましょう。
・（前にプリントの右下と同じ池の中に丸とひし形がかかれた絵が掲示される）プリントの右下の池の中に、前のお手本と同じ形を鉛筆でかきましょう。
・（クーピーペン12色を机の中から出す）左上のカタツムリと葉っぱを、好きな色のクーピーペンで塗りましょう。
・塗り終わったら、周りに好きな絵を描いていいですよ。ただし、道と池の中には何も描かないでください。

集団テスト

自由遊び

おままごとセット、ビーチボール、フープ、輪投げ、平均台、スポンジのような素材のピンクのボール、マットなどを使い、お友達と一緒に自由に遊ぶ。

■ 生活習慣・指示行動

3グループに分かれて行う。スタートしたらスキップで進み、前に置いてあるカゴの中から好きな色の鉢巻きを取る。立ったまま鉢巻きを首から下げ、テスターのやり方をまねてかた結びにする。

■ ジャンケンゲーム

テスターと一斉に足でジャンケンをする。負けとあいこのときは座り、勝ったときは立ったままでそのまま続け、最後まで残った子の勝ち。次は勝った子とあいこの子が座るお約束で、同じように行う。

■ 指示行動

手をたたきながら自由にスキップをする。合図の笛が1回鳴ったら、同じ色の鉢巻きの子と2人1組になり手をつないでしゃがむ。笛が2回鳴ったら、違う色の鉢巻きの子と2人1組になり手をつないでしゃがむ。

■ 発表力

グループごとに床の上に体操座りをして、テスターの質問に答える。
・夏はどこに行きましたか。
・どんなデザートが好きですか。
・プレゼントされるなら、どんなおもちゃが欲しいですか。

運動テスト

■ 模倣体操

・その場で手と足で同時にグーチョキパーをする。
・両手を上げて、キラキラさせながら下ろす。

■ バランス

その場で片足バランスをし、笛の合図があったら足を替えずにその場でケンケンをする。

親 子 面 接

本 人

母　親

- お名前、年齢、幼稚園（保育園）の名前を教えてください。
- 仲よしのお友達の名前を教えてください。
- 幼稚園（保育園）で最初にすることは何ですか。
- 幼稚園（保育園）で楽しいことは何ですか。
- 幼稚園（保育園）で好きな遊びは何ですか。
- いつも、朝ごはんには何を食べていますか。今日は何を食べましたか。
- 好きなお菓子は何ですか。
- きょうだいとはいつも何をして遊んでいますか。
- （姉が在校生の場合）お姉さんからこの学校のどんな話を聞いていますか。
- おじいさん、おばあさんと一緒に暮らしていますか。
- お誕生日にどんなプレゼントをもらいましたか（発展して質問がある）。
- ピアノを習っていますが、ほかに何か習い事はしていますか。

父　親

- 志望理由をお聞かせください。
- 本校の教育プログラムについてどのように思われますか。
- 本校に期待していることは何ですか。
- お子さんが将来なりたいものを知っていますか。
- お休みの日はどんなことをしてお子さんと遊んでいますか。
- ご自分とお子さんの似ているところは、どんなところですか。
- お子さんからどんな父親だと思われていますか。
- お子さんが父親と一緒に過ごしていて、楽しいと感じていることはどんなことだと思いますか。
- 奥さまとお子さんの似ているところ、奥さまから引き継いでいるところはどんなところですか。
- 家事の分担はどのようにしていますか。
- お風呂はお子さんと一緒に入りますか。お風呂の中で何を話しますか。
- ご家族で、お誕生日をどのように祝いますか。
- 奥さまの手料理で好きなものは何ですか。
- 奥さまの子育てについてどう思われますか。
- ご両親から受け継いだものは何ですか。
- お子さんができて、ご自身に何か変化はありましたか。
- 幼稚園（保育園）の行事には参加していますか。
- 幼稚園（保育園）の行事で心に残っていることは何ですか。

母　親

・女の子の教育で気をつけていることはありますか。

・お子さんをしかるときに気をつけていることはありますか。

・お子さんの瞳がキラキラするのは、どのようなときですか。

・お子さんが成長したと感じた最近のエピソードをお聞かせください。

・お子さんが最近できるようになったことはありますか。

・お子さんの好きなお母さまの手料理は何ですか。

・お子さんはどんなお手伝いをしていますか。

・お子さんに読み聞かせをしていますか。お子さんはどんな本が好きですか。

・2人のお子さんを育てるにあたり、心掛けていることは何ですか。

・子育てをしていて、お子さんから得ることは何ですか。

・働いていらっしゃいますが、お子さんの送迎や緊急時のお迎えは大丈夫ですか。

・生活リズムで気をつけていることは何ですか。

・ご両親と同居するメリットは何ですか。

面接資料／アンケート 面接当日に受付窓口で配付されたアンケート用紙に、父母別々に記入して提出する。

〈父親のテーマ〉

・帰宅時間は何時くらいですか。

・週何回お子さんと一緒に夕飯を召し上がりますか。

・願書に書ききれなかったことがあったらお書きください。

〈母親のテーマ〉

・子育てで気をつけていることは何ですか。

・願書に書ききれなかったことがあったらお書きください。

※ほかに、両親ともに出身校、特技、職業、ボランティア活動などを自由に記入する。

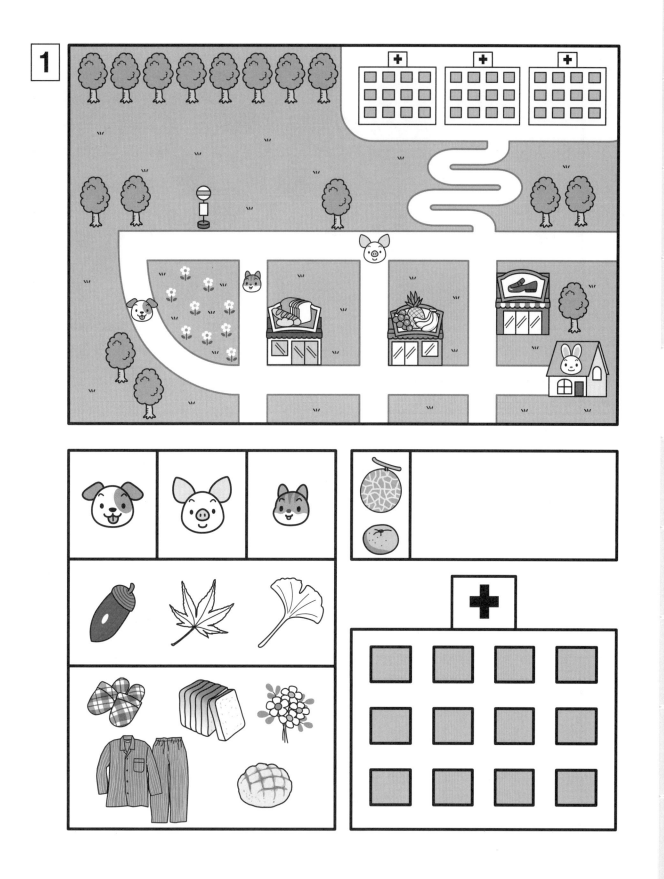

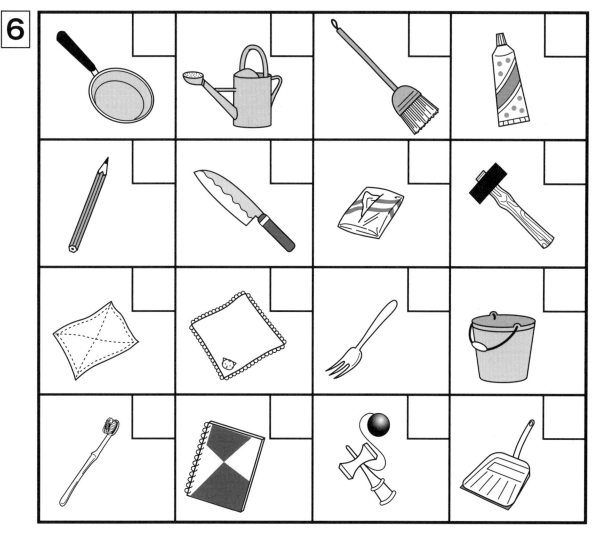

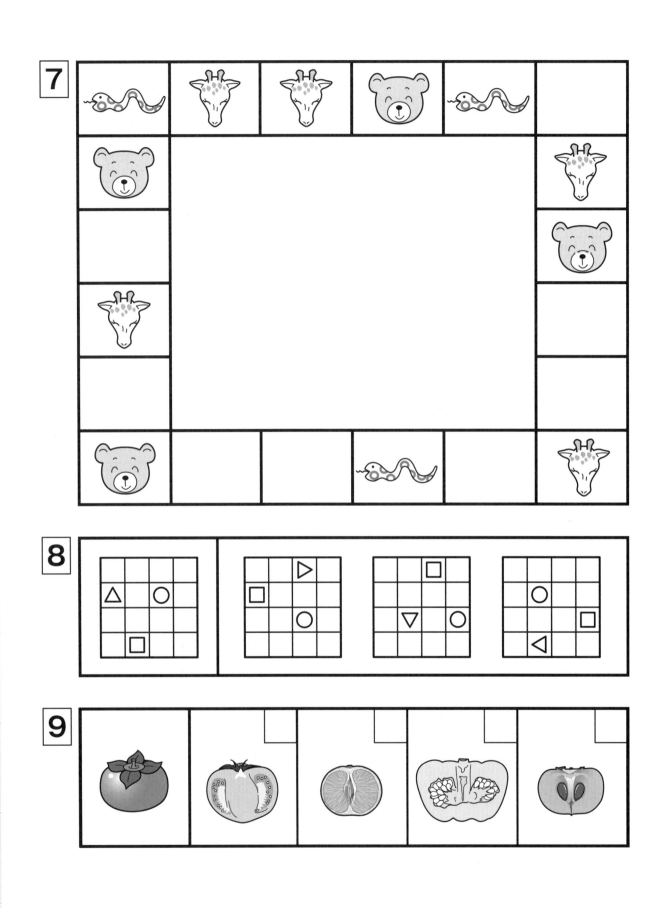

10

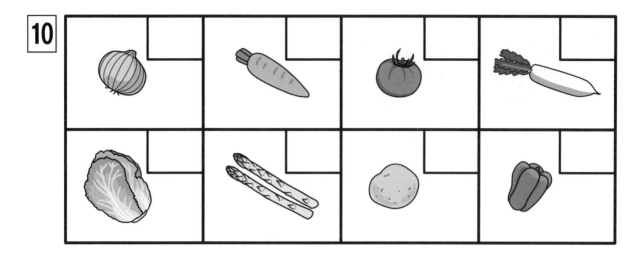

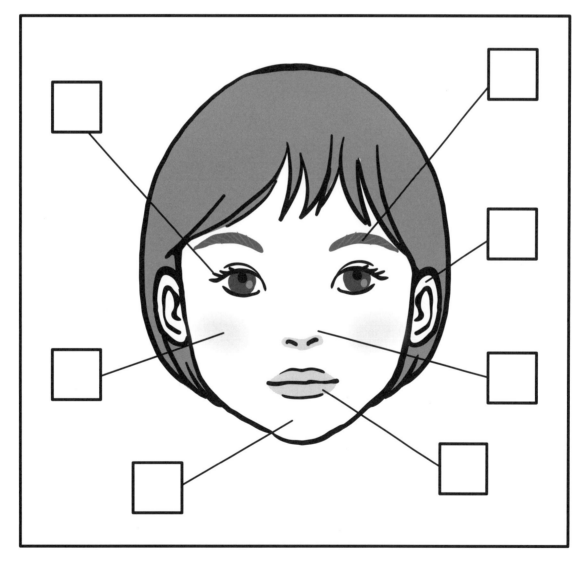

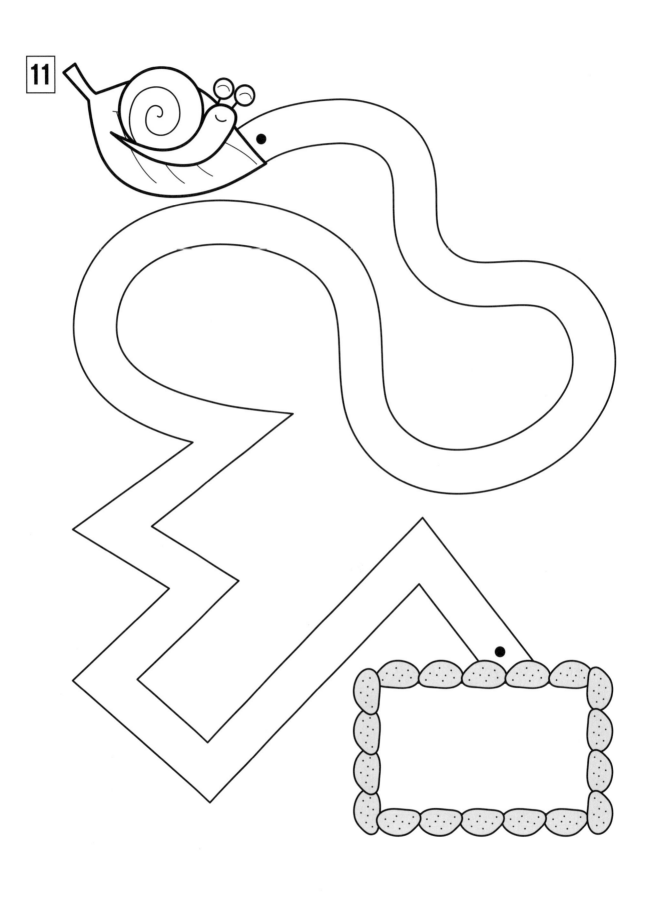

2018 東洋英和女学院小学部入試問題

■ 選抜方法

考査は1日で、月齢で分けられたグループごとに指定された時間に集合し、ペーパーテスト、集団テスト、運動テストを行う。所要時間は約1時間40分。考査日前の指定日時に親子面接があり、日時は生年月日順に指定される。

ペーパーテスト ▎ 筆記用具は鉛筆2本を使用し、訂正方法は ∿∿（ギザギザ線）。出題方法は口頭。

1 数 量

- 野原にウサギが3匹います。耳の数を合わせるといくつになりますか。その数だけウサギの横のマス目に○をかきましょう。
- ヒツジが4匹います。あと何匹いれば9匹になりますか。その数だけヒツジの横のマス目に○をかきましょう。
- 鳥が6羽飛んでいます。3羽飛んでいった後2羽飛んできました。今何羽になりましたか。その数だけ鳥の横のマス目に○をかきましょう。
- ウサギが木になっているリンゴを3個ずつ食べようとしていますが、足りません。あと何個リンゴがあればよいですか。その数だけリンゴの横のマス目に○をかきましょう。

2 系列完成

- 果物や矢印が決まりよく並んでいます。空いているところにあてはまるものはどれですか。すぐ下の4つから選んで○をつけましょう。

3 構 成

- 左上のお手本と同じ形を作るには、上のカードと下のどのカードを組み合わせたらよいですか。それぞれ選んで点と点を線で結びましょう。カードは向きを変えてもよいですが、裏返しにしてはいけません。

4 言 語

- 1段目です。名前に「ザジズゼゾ」の音が入っているものに○をかきましょう。
- 2段目です。名前に「ガギグゲゴ」の音が入っているものに○をかきましょう。
- 3段目です。名前に「パピプペポ」の音が入っているものに○をかきましょう。

5 **常識（昔話）**

・それぞれの段から同じ昔話に出てくるものを選んで、右上の四角に○をかきましょう。

6 **推理・思考（対称図形）**

・左端の形を真ん中の線で折り、黒丸のところに穴開けパンチで穴を開けるとどのように
なりますか。正しいものを右から選んで○をつけましょう。

7 **推理・思考（断面図）**

・粘土で上のような形を作りました。それぞれ線のところで切ると、切ったところの形は
どのようになりますか。合うものを下から選んで点と点を線で結びましょう。

8 **話の理解**

「女の子が動物園に行きました。一番初めにヒツジを見てその次にゾウ、カバ、キリンの
順に見ました。その後、お弁当を食べて、アライグマを見ました」

・女の子が見なかった動物に○、4番目に見た動物に×をつけましょう。

9 **言語・常識**

・上の段です。「はく」ものの右上の四角に○をかきましょう。
・下の段です。「きる」ものの右上の四角に○をかきましょう。

10 **推理・思考（回転図形）**

・左端の絵を矢印の方向に1回コトンと倒すとどのようになりますか。正しい絵を右から
選んで○をつけましょう。

11 **推理・思考**

・左のネックレスをはさみのところで切ると、それぞれ右のようになりました。黒いビー
ズがあるところに×をつけましょう。

▍ **集団テスト** ▍ 5、6人のグループで行う。

- -

12 **巧緻性**

靴を脱ぎ座布団の上に座って行う。クーピーペン12色、はさみ（左利きのはさみがよい
人は手を挙げてくださいと言われる）が用意されている。

・机の中からネコの顔の輪郭が描かれた白い画用紙を出し、やめと言われるまでネコの顔に目や鼻や口をクーピーペンで描いたり塗ったりしましょう。
・描けたらはさみでネコの顔の周りを切り取りましょう。
・切り取ったネコの顔は机の上に置き、クーピーペンとはさみは机の中に入れ、ゴミはゴミ箱に捨てましょう。

発表力

グループごとに体操座りをし、テスターが一人ひとりに質問していく。以下のような質問がある。
・好きな食べ物は何ですか。
・好きな遊びは何ですか。
・お料理は何を作りますか。
・お家では何をして遊びますか。
・家族でしたことで、楽しかったことはありますか。
・今日はお昼に何を食べてきましたか。
・大好きな乗り物は何ですか。

生活習慣

グループ全員で同時に行う。
・先生の笛の合図で机まで歩いていきましょう。走ってはいけません。
・机の横のいすの上にあるカゴの中に、グチャグチャになっている体操服や鉢巻きが入っているので、机の上できれいにたたんでカゴの中に戻しましょう。終わったら元の場所に戻ってください。

自由遊び

ビーチボール、パズル、折り紙、おままごとセット、輪投げ、平均台、鉄棒、ビニール袋などを使い、お友達と一緒に自由に遊ぶ。

ジャンケンゲーム

テスターと一斉にジャンケンをする。負けたら座り、あいこのときと勝ったときは立ったままでそのまま続ける。

運動テスト

連続運動

緑の線で体操座りをして待つ→スタートから初めの青いコーン(グループごとにコーンの色は違う)までスキップで進む→次の黄色いコーンまで両足ジャンプで進む→ゴールまで頭の上で手をたたきながらスキップする。前の人が初めの青いコーンまで行ったら次の人がスタートするというお約束がある。

親 子 面 接

本 人

・お名前、幼稚園(保育園)の名前を教えてください。
・通っているのは幼稚園ですか、保育園ですか。
・幼稚園(保育園)は給食ですか、お弁当ですか。
・給食で好きなメニューを教えてください。
・幼稚園(保育園)で好きな外遊び(室内遊び)は何ですか。
・幼稚園(保育園)から帰ってきたら、何をして遊びますか。
・好きな本は何ですか。その本はいつ読みますか。誰と一緒に読みますか。
・好きな食べ物は何ですか。
・誰と夕ごはんを食べますか。
・ピアノは好きですか。何を弾いていますか。どれくらい練習していますか。
・きょうだいとは仲がよいですか。何をして遊びますか。

父 親

・本校をどのように思われますか。
・お子さんがキリスト教教育を受けることについてどのようにお考えですか。
・幼稚園の行事で印象に残っているのはどんなことですか。
・ご自身の出身校が本校に近いですが、本校について何かご存じでしたか。
・お子さんとどんな遊びをしますか。
・お子さんはお家でどんな遊びをすると喜びますか。
・お子さんに、どのような父親だと思われていますか。
・お子さんの将来の夢を知っていますか。
・お子さんとご自身が似ているところはどんなところですか。
・お子さんが生まれてご自身が変わったことは何ですか。
・お子さんがいてよかったと思う瞬間はいつですか。
・奥さまとお子さんのかかわりを見てどう思われますか。
・子育てをしている奥さまは、お父さまから見てどのような母親ですか。
・帰宅時間は何時くらいですか。

・平日は週何回くらい夕食をご家族でとられますか。

・学生時代に熱中したことは何かありますか。

・海外駐在についてお聞かせください。

・単身赴任の可能性はありますか。

・転勤はありますか。

・（アンケートに記入した内容について）父子キャンプとはどのようなことですか。

母　親

・通われている幼稚園（保育園）の特色を教えてください。

・幼稚園（保育園）でのお子さんの様子をお話しください。

・お子さんは幼稚園（保育園）でどのような遊びをしていますか。

・お子さんはお家ではどのような遊びをしていますか。

・お子さんの目が一番輝くのはどのようなときですか。

・お子さんのきょうだいについてお聞かせください。

・最近お子さんが成長したと感じたことをお話しください。

・お子さんには女性としてどのように育ってほしいとお考えですか。

・女の子の子育てとして気をつけていることは何ですか。

・食事のマナーで気をつけていることは何ですか。

・お母さまの得意料理は何ですか。

・ご家庭で好評なお料理、よく作るお料理は何ですか。

・お子さんの嫌いな食べ物は何ですか。嫌いな食べ物はどうしていますか。

・朝ごはんは何を作りますか。ご家族で食べますか。

・学生時代に受けた印象に残っている教育はありますか。

・お仕事をされていますが、急なお子さんのお迎えは大丈夫ですか。

・お仕事をされていますが、同居されているご両親のご協力は可能ですか。

面接資料／アンケート

面接当日に受付窓口で配付されたアンケート用紙に、父母別々に記入して提出する。

〈父親のテーマ〉

・帰宅時間は何時くらいですか。

・週何回お子さんと一緒に夕飯を召し上がりますか。

・願書に書ききれなかったことがあったらお書きください。

〈母親のテーマ〉

・お子さんの生活リズムで気をつけていることは何ですか。

・願書に書ききれなかったことがあったらお書きください。

※ほかに、両親ともに出身校、特技、職業、ボランティア活動などを自由に記入する。

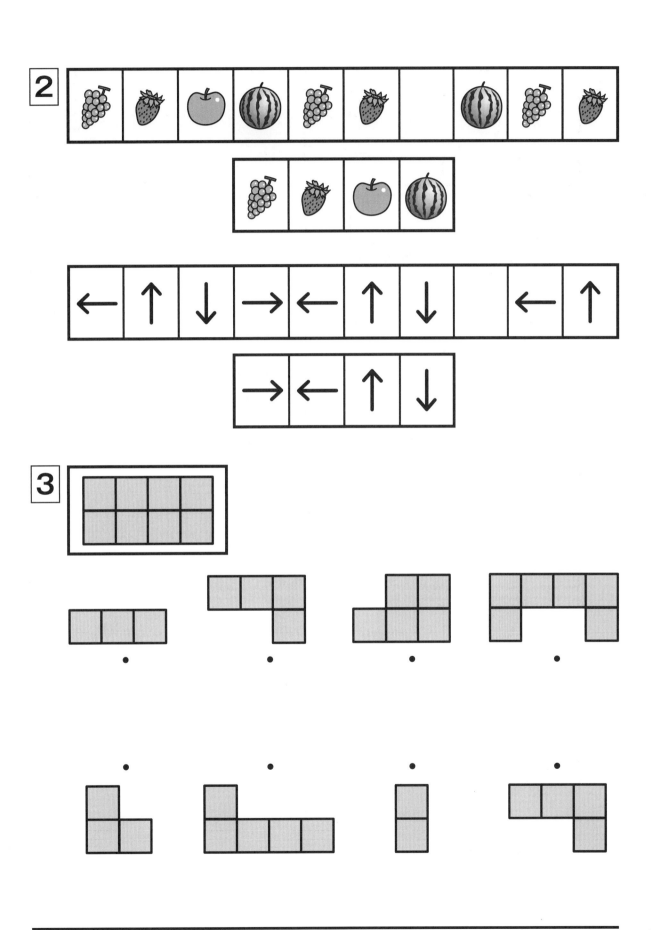

6

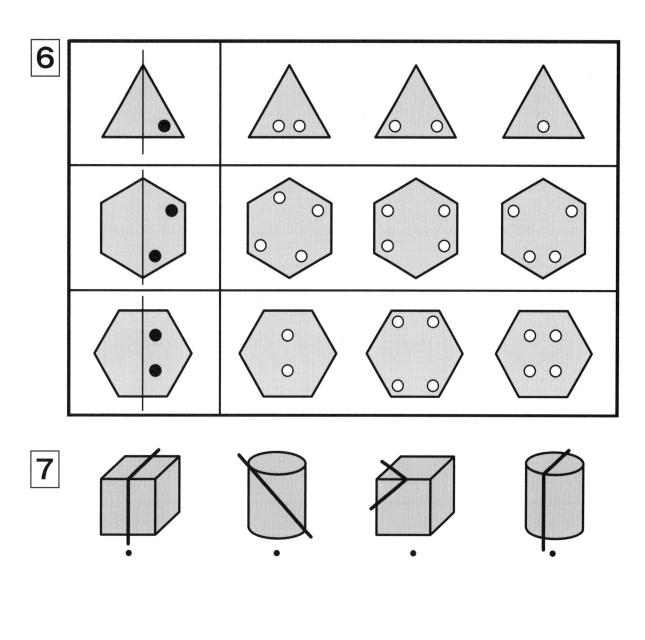

7

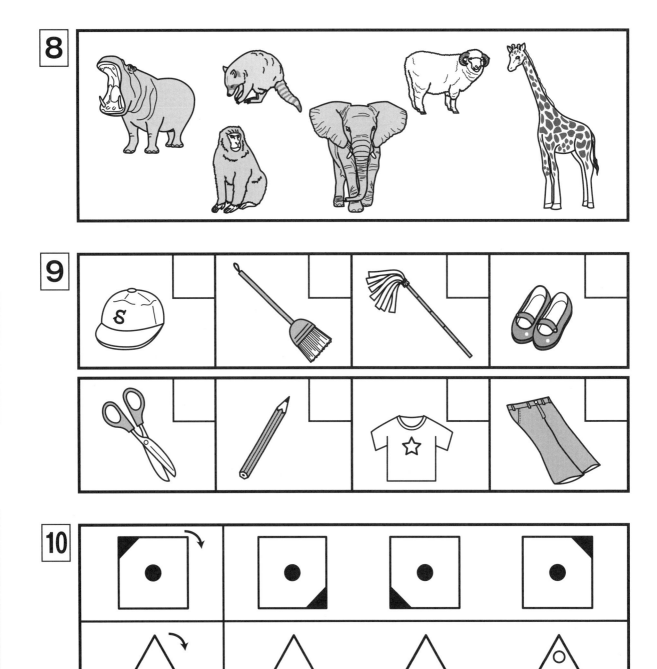

11

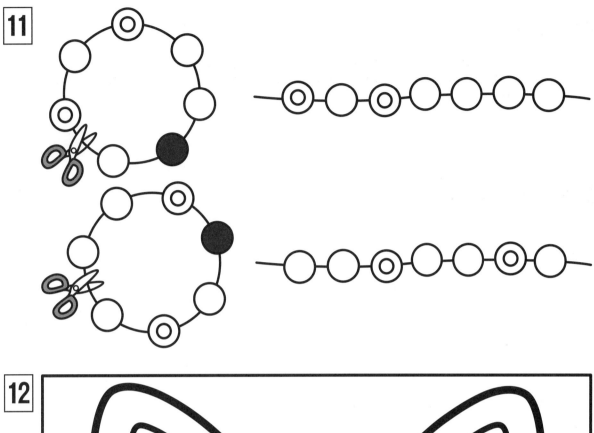

12

2017 東洋英和女学院小学部入試問題

■ 選抜方法

考査は1日で、月齢で分けられたグループごとに指定された時間に集合し、ペーパーテスト、集団テスト、運動テストを行う。所要時間は約2時間。考査日前の指定日時に親子面接があり、日時は生年月日順に指定される。

┃ ペーパーテスト

筆記用具は鉛筆2本を使用し、訂正方法は〰〰（ギザギザ線）。出題方法は口頭。

1 数 量

- ・チューリップが4本あります。お父さんが2本持ってきました。今チューリップは何本ありますか。その数だけ下のマス目に1つずつ○をかきましょう。
- ・リンゴが12個あります。3枚のお皿に同じ数ずつ載せるとすると、1皿に何個ずつ載りますか。その数だけ下のマス目に1つずつ○をかきましょう。
- ・チョウチョが7匹います。3匹飛んでいきました。今チョウチョは何匹いますか。その数だけ下のマス目に1つずつ○をかきましょう。
- ・トンボが6匹います。2匹飛んでいった後に3匹飛んできました。今トンボは何匹いますか。その数だけ下のマス目に1つずつ○をかきましょう。

2 構 成

- ・上の段です。左端の黒い形は積み木を積んだときの影です。ではこの形になるように積み木を積むとき、使わない積み木はどれですか。右から選んで○をかきましょう。印は右上の小さな四角にかいてください。
- ・下の段です。左端にある四角8個を使ってできる形を、右から選んで○をかきましょう。印は右上の小さな四角にかいてください。

3 推理・思考（対称図形）

- ・左端のように折り紙を折り、黒い部分を切って広げるとどのような形になりますか。正しいものを右から選んで○をかきましょう。印は右上の小さな四角にかいてください。

4 系列完成

- ・印や矢印が決まりよく並んでいます。空いているところにあてはまるものをかきましょう。

5 推理・思考（ひも）

・ひもの絵があります。この中で、ひもの両端を引っ張ると結べるものはどれですか。2つ選んで右上の小さな四角に○をかきましょう。

6 推理・思考（ルーレット）

外側の大きな丸には花が、内側の小さな丸には果物が描かれているルーレットがある。外側の丸は矢印の方向に動くが、内側の丸は動かない。

・チューリップがパイナップルのところまで動いたときに、ヒマワリはどの果物のところにありますか。星印の果物の横に○をかきましょう。

・キクがモモのところまで動いたときに、アジサイはどの果物のところにありますか。ハート印の果物の横に○をかきましょう。

7 推理・思考（回転図形）

・左のお手本を矢印の方向に1回コトンと倒したらどのようになりますか。右から選んで○をつけましょう。

8 言　語

・1段目です。左の2つのものの3番目の音を使ってできるものはどれですか。右から選んで右上の小さな四角に○をかきましょう。

・2段目です。左の2つのものの最初の音を使ってできるものはどれですか。右から選んで右上の小さな四角に○をかきましょう。

・3段目です。左の2つのものの最後の音を使ってできるものはどれですか。右から選んで右上の小さな四角に○をかきましょう。

・4段目です。左の2つのものの3番目の音が、名前の最初と最後の音になっているものはどれですか。右から選んで右上の小さな四角に○をかきましょう。

9 巧緻性

・黒い点から黒い点まで点線をなぞりましょう。

▌ 集団テスト ▌

🔲 生活習慣

長机の前に4人1組で横1列に正座をする。右端の子どもの前に、花豆が10個入ったトレーと空のお茶わん、塗りばしが置かれたお盆が用意されている。

・塗りばしを使ってお茶わんに花豆を移しましょう。「やめ」と言われたら、左隣のお友達に「はい、どうぞ」と言ってお盆ごと横にずらして渡してください。

📑 指示行動・生活習慣

スタートからカゴの前までウサギのまねをしながら両足跳びで進む。Tシャツをたたみ、カゴの中に入れる。歩いてスタートに戻り、列の後ろに並ぶ。

📑 課題遊び

4、5人で、マットの上に用意されている新聞紙を使って自由に遊ぶ。

📑 自由遊び

おままごとセット、ジョイントマット、新聞紙などを使い、お友達と一緒に自由に遊ぶ。

📑 制　作

紙皿、紙コップ、ストロー、クーピーペン、はさみなどが用意されている。

・用意された材料を使って、好きな生き物を1人1つ作りましょう。材料や道具はお友達と仲よく使ってください。(作った後に何を作ったか先生から聞かれる。グループによっては作ったものをお友達の前で発表する)

運動テスト

📑 スキップ

好きな場所で自由にスキップする。

📑 指示行動

スキップをしている途中でテスターが「ミカン」と言ったら手をたたきながらスキップする。「キツネ」と言ったら手を肩、上、肩と動かしながらスキップする。「やめ」と言ったら(または笛が鳴ったら)片足バランスをする。

親 子 面 接

本 人

・お名前を教えてください。
・幼稚園(保育園)の名前を教えてください。

・幼稚園（保育園）で最初にすることは何ですか。

・幼稚園はお弁当ですか、給食ですか。

・夕ごはんに出てきたらうれしいものは何ですか。そのごはんは誰が作りますか。

・誰と遊ぶのが好きですか。

・お手伝いはしますか。どのようなことをしますか。

・（面接日が雨天の場合）雨の日にする好きな遊びは何ですか。

父　親

・本校の教育プログラムで何か期待されていることはありますか。

・通学上で不安なことはありますか。

・お子さんはお父さまとどのような遊びをするのが好きですか。

・お子さんからどのような父親だと思われていると思いますか。

・ご自身（または奥さま）とお子さんはどのようなところが似ていますか。

・奥さまはお仕事をされていますが、家事は何か分担されていますか。

・奥さまの作るお料理で一番好きなものは何ですか。

・学生時代、どのようなことに力を入れていましたか。学生時代に行っていたスポーツや音楽を教えてください。

・お子さんに対して誇れることは何ですか。

・お子さんができて変わったことはありますか。

・幼稚園（保育園）の行事で一番印象に残っていることは何ですか。

母　親

・女の子の教育で気をつけていることは何ですか。

・子育てで一番気をつけていることは何ですか。

・お子さんのマナーについて気をつけていることはどのようなことですか。

・お子さんは幼稚園（保育園）でどのような遊びが好きですか。

・ご家庭ではどのようにお子さんと遊びますか。

・お子さんはお母さまのどのようなお料理が好きですか。

・お子さんの目が輝くときはどのようなときですか。

・お子さんの一番よいところはどのようなところですか。

・どのようなときにお子さんをほめますか。

・お仕事について教えてください。お仕事をされていますが、送迎や緊急時のお迎えはできますか。近くにご両親など頼れる人はいらっしゃいますか。

・学生時代の教育でどのようなことが一番心に残っていますか。

・お母さまから見てお子さんはどのようなお子さんですか。

面接資料／アンケート

面接当日に受付窓口で配付されたアンケート用紙に、父母別々に記入して提出する。

〈父親のテーマ〉

・帰宅時間は何時くらいですか。

・週に何日くらいお子さんと一緒に夕食をとりますか。

〈母親のテーマ〉

・食事で気をつけていることは何ですか。

※ほかに、両親ともに出身校、特技、職業、ボランティア活動などを自由に記入する。

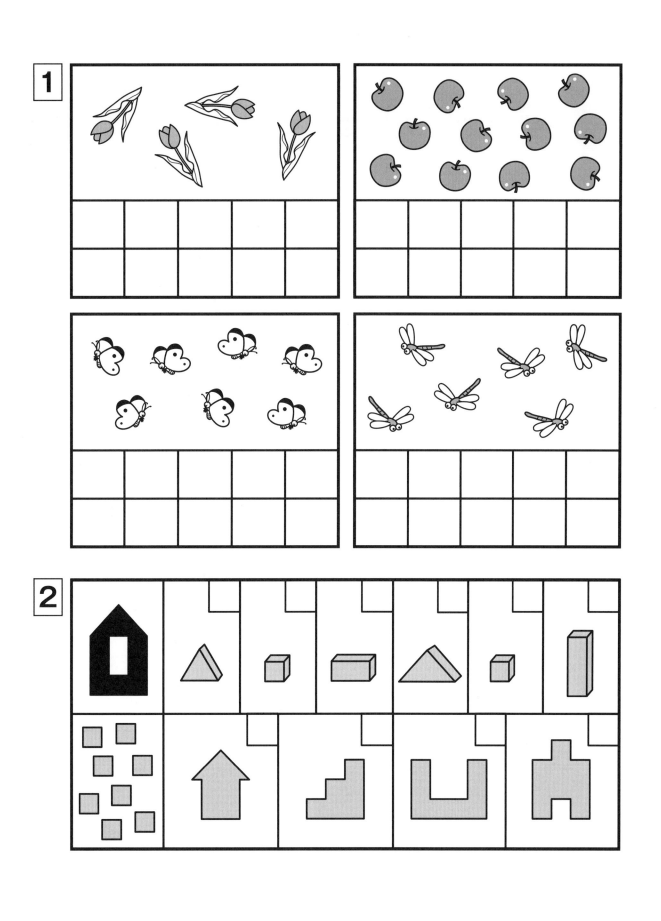

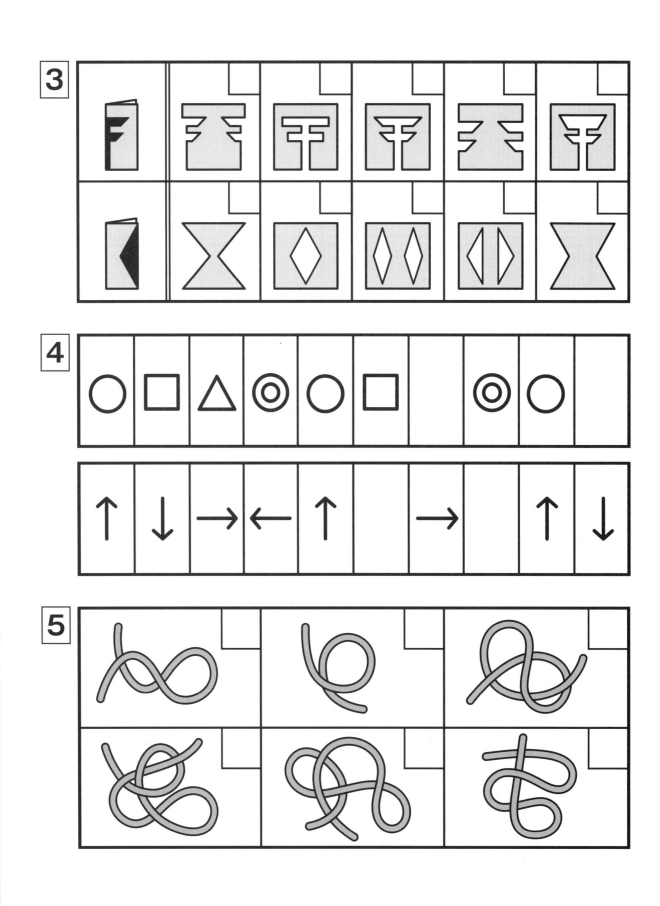

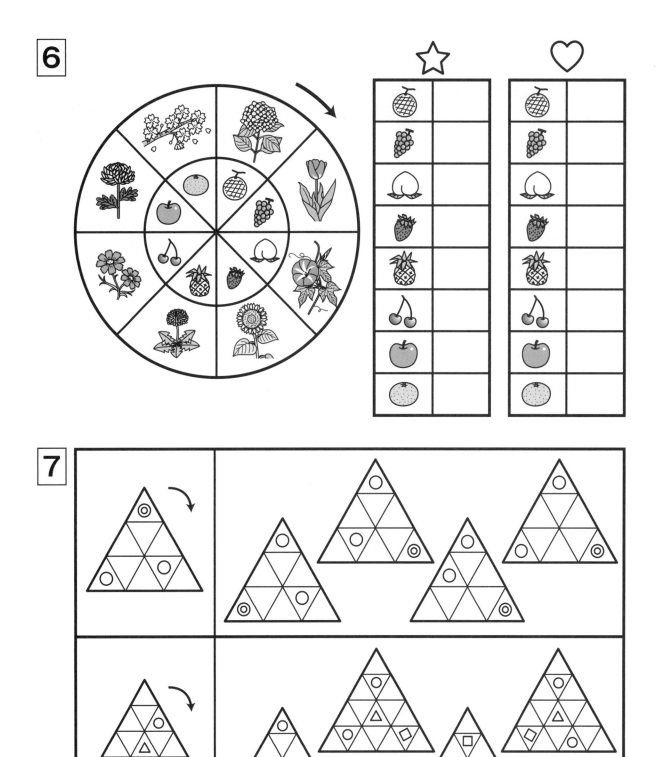

8

9

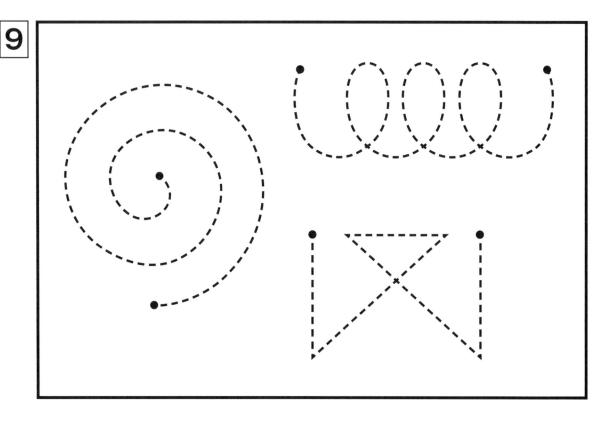

section
2016 東洋英和女学院小学部入試問題

■ 選抜方法

考査は1日で、月齢で分けられたグループごとに指定された時間に集合し、ペーパーテスト、集団テスト、運動テストを行う。所要時間は約2時間。考査日前の指定日時に親子面接があり、日時は生年月日順に指定される。

■ ペーパーテスト ┃ 筆記用具は鉛筆、赤鉛筆を使用し、訂正方法は MM（ギザギザ線）。出題方法は口頭。

1 数 量

- カタツムリが2匹いなくなって3匹やって来ました。今カタツムリは何匹ですか。その数だけカタツムリの絵の横の四角に○をかきましょう。
- チョウチョがチューリップに1匹ずつとまるとチューリップが足りません。何本足りないか、その数だけチューリップとチョウチョの絵の横の四角に○をかきましょう。
- 木になっているリンゴを2匹のサルが仲よく分けると、1匹は何個もらえますか。その数だけリンゴの絵の横の四角に○をかきましょう。
- 池の中の魚を3人の子どもで仲よく分けると、1人何匹もらえますか。その数だけ魚の絵の横の四角に○をかきましょう。

2 数 量

- リンゴが5個あります。妹に2個あげて、お父さんから3個もらいました。今リンゴは何個になりましたか。その数だけ下のマス目に1つずつ○をかきましょう。
- ブドウが4房あります。お父さんから2房もらって、お母さんに1房あげました。今ブドウは何房になりましたか。その数だけ下のマス目に1つずつ○をかきましょう。
- 絵のバナナを4人で同じ数ずつ分けるとすると、1人何本もらえますか。その数だけ下のマス目に1つずつ○をかきましょう。
- 3人の子どもが3本ずつ旗を持つとすると、旗は何本足りないですか。その数だけ下のマス目に1つずつ○をかきましょう。
- 旗が10本あります。ゾウ2頭が鼻に1本ずつ、サル2匹が両手に1本ずつ旗を持ちました。旗は何本余りましたか。その数だけ下のマス目に1つずつ○をかきましょう。

3 話の理解

- 丸の横の四角に△を2個、三角の横の四角に×を1個、バツの横の四角に◎を1個かき

ましょう。

推理・思考（比較）

赤鉛筆を使用する。

・一番長い鉛筆に○、2番目に短い鉛筆に△をつけましょう。

・4つのシーソーを見て、一番重い形に○、一番軽い形に△をつけましょう。

・入っているお水が2番目に少ないコップに○をつけましょう。

5　**位　　置**

・動物マンションの絵があります。左手を挙げているネズミのお部屋から左に2つ、下に1つ行ったお部屋に○をかきましょう。

・同じ絵です。右手を挙げているウサギのお部屋から右に2つ、上に2つ行ったお部屋に×をかきましょう。

6　**言　　語**

・上のタマネギのところを見ましょう。「マ」の音で終わるものに、鉛筆で○をかきましょう。印は右上の小さな四角にかいてください。

・同じタマネギのところです。2つの音でできていて「ア」の音で始まるものに、鉛筆で×をかきましょう。印は右上の小さな四角にかいてください。

・下のピーマンのところを見ましょう。4つの音でできていて「ア」の音で始まるのものに、赤鉛筆で○をかきましょう。印は右上の小さな四角にかいてください。

・同じピーマンのところです。「コップ」のように詰まる音があって一番音の数が多いものに、赤鉛筆で×をかきましょう。印は右上の小さな四角にかいてください。

7　**言語・常識**

・1段目です。秋になると、色が赤や黄色に変わる葉っぱに○をかきましょう。印は右上の小さな四角にかいてください。

・2段目です。「しとしと」という様子に合う絵に○をかきましょう。印は右上の小さな四角にかいてください。

・3段目です。「じゃぶじゃぶ」という様子に合う絵に○をかきましょう。印は右上の小さな四角にかいてください。

・4段目です。赤と白を混ぜるとどんな色になりますか。その色と同じ色のものに○をかきましょう。印は右上の小さな四角にかいてください。

8　**点図形**

・左のお手本を右にパタンと倒したらどうなりますか。右にかきましょう。

9 巧緻性

- ・点線を赤鉛筆でなぞりましょう。
- ・カメの甲羅を、クーピーペンの中から好きな色3つを選んで塗りましょう。ただし、マス目の隣同士になるところを同じ色で塗ってはいけません。終わったら、顔、足、しっぽを塗りましょう。色は甲羅と変えてもよいですよ。

集団テスト

共同制作（輪つなぎ）

4、5人で床に座って作業する。さまざまな色の短冊、丸いシール（直径12mm）が用意されている。

- ・グループで協力して輪つなぎをしましょう。ただし隣り合う輪は、同じ色にならないようにしましょう。

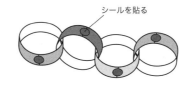

シールを貼る

集団ゲーム（しりとり）

1グループずつ円になって床に座り、テスターから右回りでしりとりをする。ほかの人と同じ言葉を言ってもよい。

自由遊び

おままごとセット、大小のボール、輪投げ、的当て、フープ、平均台などで自由に遊ぶ。「終わりです」と言われたら片づける。

運動テスト

指示行動

ビニールプールの周囲2～3m離れた場所にマットが置かれている。周りの床には、ピンクの小さいゴムボールが転がっている。テスターが指示する動作（スキップ、走る、両足跳び、ケンケン）を行い、白いカードをテスターが見せたらボールを拾って近くのマット

に乗る。マットから真ん中のプールの中にボールを投げ入れる。ボールが入っても入らなくても、再び同じ動作でボール拾いと投げ入れを続ける。テスターから異なる動作の指示が出たらその動作に変えて、同じように続ける。

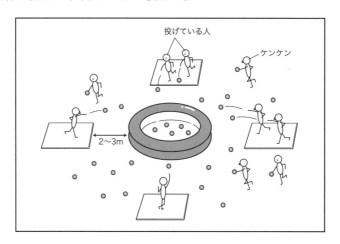

スキップ

円状に並んで、同じ向きに一斉にスキップをする。

親 子 面 接　　面接官は部長先生、教頭、女性教諭などの３名。

本 人

- お名前と幼稚園（保育園）の名前を教えてください。
- 幼稚園（保育園）から帰ってきたら何をしますか。
- 幼稚園（保育園）の教室では、誰と何をして遊びますか。
- 大きくなったら何になりたいですか。それはどうしてですか。
- 好きな食べ物、嫌いな食べ物は何ですか。
- お父さんとお母さんの好きなところを教えてください。
- お父さんと一緒に何をするのが好きですか。
- お風呂は誰と入りますか。お風呂で何をして遊びますか。
- 今日、朝ごはんに何を食べましたか。
- あなたの宝物を教えてください。
- あなたが欲しいものを教えてください。
- お休みの日は何をしますか。

父 親

- 本校の印象をお話しください。

・キリスト教教育についてどう思われますか。

・お子さんは幼稚園（保育園）に行くまでの時間に、何をしていますか。

・お子さんと一緒にお風呂に入りますか。お風呂でどのようなお話をしますか。

・お子さんから見て、父親としてどのように思われていると思いますか。

・母親としての奥さまを見てどのように思われますか。

・お子さんがお父さまと一緒に過ごしていて、一番楽しいと感じているのはどのようなことだと思いますか。

・お子さんは幼稚園（保育園）でどのような遊びが好きですか。

・家事はどのように分担していますか。

・ご自身（または奥さま）とお子さんはどのようなところが似ていますか。

・週何回、ご家族一緒に夕食をとりますか。

・お子さんとご自身、それぞれが好きな料理を教えてください。

・ご自身は小さいころ、どのようなお子さんでしたか。

・お子さんのお友達の名前を教えてください。

・幼稚園（保育園）の行事で一番印象に残っていることは何ですか。

母 親

・最近の出来事で思い出に残ったことをお聞かせください。

・お子さんは、アレルギーはありますか。そのほか健康面で気になることはありますか。

・お仕事をされていますが、緊急時に来校していただくことはできますか。それとも、ご親族やベビーシッターなどに頼みますか。

・お子さんはお母さまのどのようなお料理が好きですか。

・ご主人はどのような父親ですか。

・お子さんのどのようなところがご主人に似ていると思いますか。

・お子さんは幼稚園（保育園）でどのような遊びが好きですか。

・お子さんは幼稚園（保育園）に行くまでの時間に、何をして過ごしていますか。

・お子さんは朝、自分で起きていますか。

・お子さんはお母さまと何をするのが楽しいと感じていますか。

・お子さんがご主人を尊敬していると感じることはありますか。

・お子さんは何に興味を持っていますか。

・ご家庭では食事中にどのような会話をしますか。

・ご主人は夕食を一緒にとられますか。

・学生時代の出来事で印象に残っていること、学んだことは何ですか。

・ご自身がお仕事をされていたときの経験で、今、子育てに生かされていることはありますか。

・今の幼稚園（保育園）を選んだ理由を教えてください。

面接資料／アンケート

面接当日の受付窓口で配付されたアンケート用紙に、父母別々に記入して提出する。

〈父親のテーマ〉

・週何回お子さんと夕食を召し上がりますか。

〈母親のテーマ〉

・お子さんの起床時間と就寝時間を教えてください。

※ほかに、両親ともに出身校、特技、職業、ボランティア活動などを自由に記入する。

1

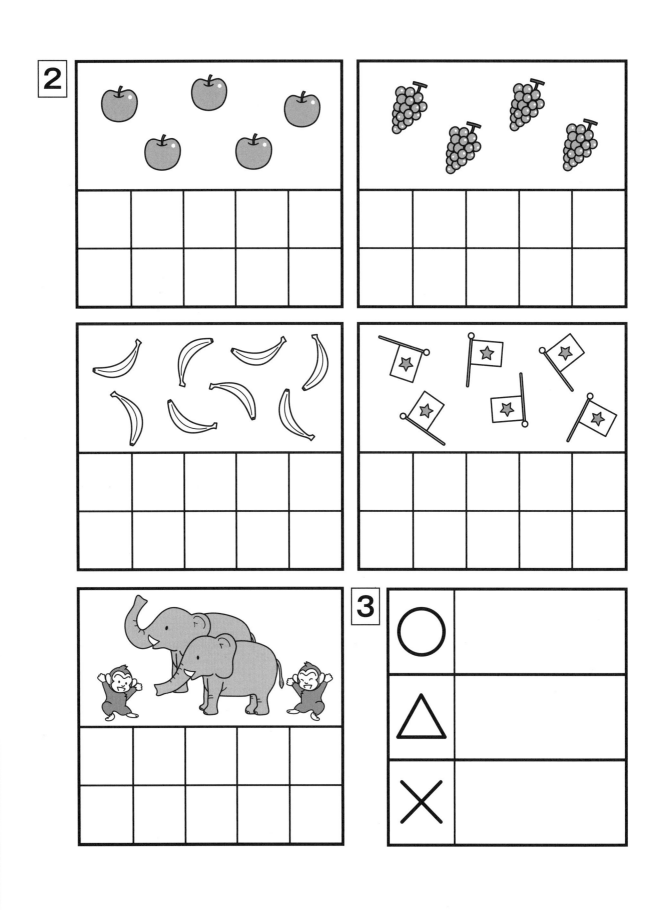

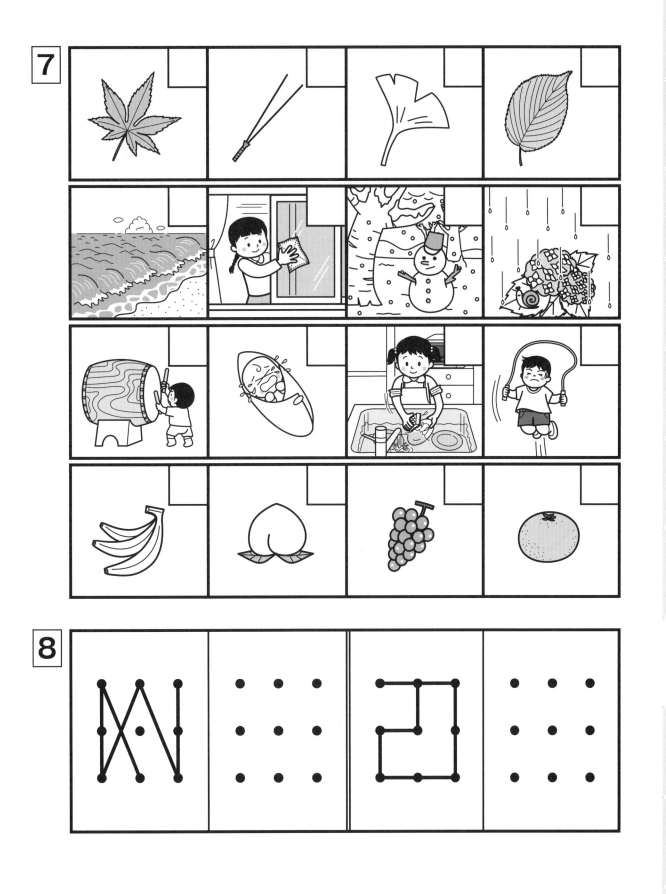

9

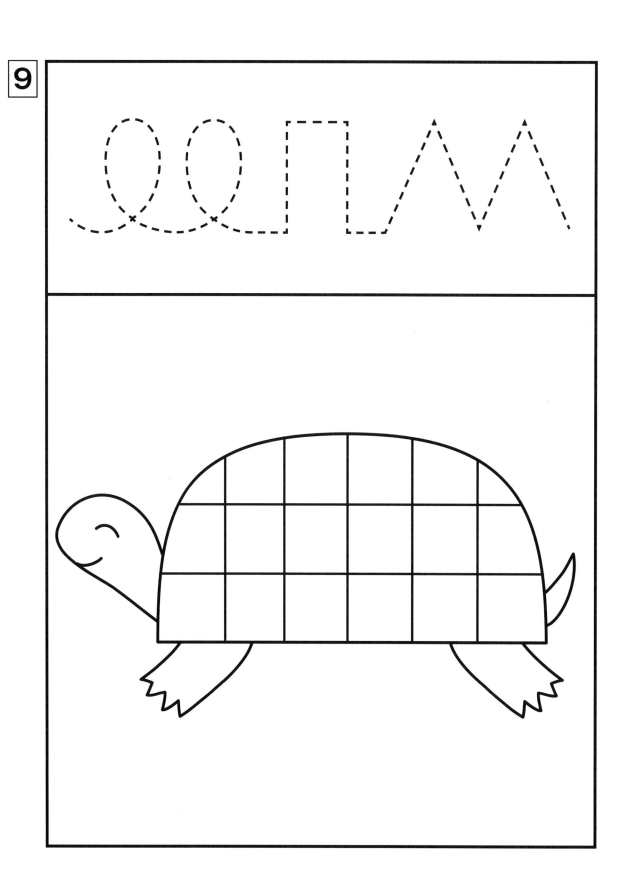

2015 東洋英和女学院小学部入試問題

■ 選抜方法

考査は1日で、月齢で分けられたグループごとに指定された時間に集合し、ペーパーテスト、集団テスト、運動テストを行う。所要時間は約2時間。考査日前の指定日時に親子面接があり、日時は生年月日順に指定される。

┃ペーパーテスト┃ 筆記用具は鉛筆を使用し、訂正方法は MM（ギザギザ線）。出題方法は口頭。

1 数 量

- カメが2匹います。そこへさらに2匹やって来ました。カメは全部で何匹になりましたか。その数だけ下のマス目に1つずつ○をかきましょう。
- クリが10個あります。お父さんは3個、お母さんは2個、お姉さんと妹は1個ずつ食べました。残っているクリの数だけ下のマス目に1つずつ○をかきましょう。
- お弁当箱が3つあります。このお弁当箱に、下の四角の中のおにぎりを2個ずつ入れると、おにぎりはいくつ余りますか。その数だけおにぎりの横の四角に○をかきましょう。
- 3つのお弁当箱に下の四角の中のタコウインナーを3個ずつ入れると、タコウインナーはいくつ足りませんか。その数だけタコウインナーの横の四角に○をかきましょう。
- 3つのお弁当箱に同じ数ずつ下の四角の中のプチトマトを入れます。1つのお弁当箱にいくつプチトマトを入れることができますか。その数だけプチトマトの横の四角に○をかきましょう。

2 推理・思考

- 1段目です。左の四角の模様は透明な紙にかいてあります。この2枚の紙の黒丸を重ね合わせるとどのような模様になりますか。正しいものを右の四角から選んで○をかきましょう。印は右上の四角にかいてください。
- 2段目です。左の四角の中の形を右に1回コトンと倒すと、どのような模様になりますか。正しいものを右の四角から選んで○をかきましょう。印は右上の四角にかいてください。
- 3段目です。左の四角の中の形を左に2回コトンコトンと倒すと、どのような模様になりますか。正しいものを右の四角から選んで○をかきましょう。印は右上の四角にかいてください。
- 4段目です。左の四角の中のように折り紙を折って、黒い部分を切って広げるとどのよ

うな形になりますか。正しいものを右の四角から選んで○をかきましょう。印は右上の四角にかいてください。

3　常　識

上の絵の中から3つの言葉に合うものを選び、右上の四角に印をかく。
- 「黄色」「秋」「葉っぱ」に合う絵に○をかきましょう。
- 「紫」「甘い」「果物」に合う絵に△をかきましょう。
- 「赤」「秋」「葉っぱ」に合う絵に◎をかきましょう。
- 「夏」「黄色」「花」に合う絵に×をかきましょう。

下の絵の中から3つの言葉に合うものを選び、右上の四角に印をかく。
- 「虫」「細い」「飛ぶ」に合う絵に○をかきましょう。
- 「虫」「夏」「つの」に合う絵に△をかきましょう。
- 「黒」「2本足」「くちばし」に合う絵に◎をかきましょう。
- 「白」「鳥」「卵」に合う絵に×をかきましょう。

4　位置の移動

- マス目を上下左右に進みます。カゴのところから上に1つ、右に2つ、下に3つ進むとどこに着きますか。マス目に○をかきましょう。
- マス目を上下左右に進みます。下に3つ、右に2つ、上に2つ進むとカゴのところに着きました。どの印からスタートしたらそのようになりますか。右の細い四角の中から印を選んで○をつけましょう。

5　言語（しりとり）

- それぞれの段の絵でしりとりをします。1つだけしりとりでつながらないものがあります。つながらないものの右上の四角に○をかきましょう。2段ともやりましょう。

6　常識（季節）

絵の中から合うものを選び、右上の四角に印をかく。
- 春と仲よしのものに×をかきましょう。
- 夏と仲よしのものに◎をかきましょう。
- 秋と仲よしのものに○をかきましょう。

7　常　識

- 左の列を見てください。一番上の四角の中のものと一緒に使うものを下から選んで○をかきましょう。印は右上の四角にかいてください。

・真ん中の列を見てください。一番上の四角の中の生き物の足ではないものを下から選んで○をかきましょう。印は右上の四角にかいてください。

・右の列を見てください。一番上の四角の中のものを縦に切ったときの様子を下から選んで○をかきましょう。印は右上の四角にかいてください。

8 話の理解

・男の子がガムを3個とアメを6個買いました。女の子はおせんべいを1枚とクッキーを4枚買いました。男の子はガムを何個買いましたか。その数だけ男の子の左側の四角に○をかきましょう。また、女の子はクッキーを何枚買いましたか。その数だけ女の子の右側の四角に○をかきましょう。

集団テスト

9 巧緻性

クーピーペン（12色）と鉛筆とはさみが用意されている。

・点線を鉛筆でなぞってからクーピーペン（12色）で好きな色に塗り、一番太い線を切る。

制作（折り紙）

5色の折り紙の中から2枚好きなものを取る。

・1枚はテスターの指示通りにネコを折る。

・もう1枚は自分の好きなものを折る。

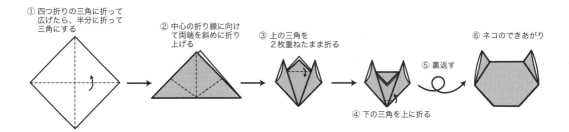

① 四つ折りの三角に折って広げたら、半分に折って三角にする
② 中心の折り線に向けて両端を斜めに折り上げる
③ 上の三角を2枚重ねたまま折る
④ 下の三角を上に折る
⑤ 裏返す
⑥ ネコのできあがり

共同制作

4、5人で床に座って行う。模造紙と長四角のシールが何枚か用意されている。

・グループで集まって、先ほど折った折り紙のネコなどの裏に長四角のシールを輪っかにしてつけて模造紙に貼り、周りにクーピーペンで絵を描きましょう。

発表力

・横1列に並んで座り、順番に立って自分が折り紙で折ったものを指でさしながら、何を

折ったのかを発表する。

・外で何をして遊ぶのが好きかを発表する。

📖 自由遊び

おままごとセット、お手玉、フープ、輪投げ、的当て、ボールプールなどで自由に遊ぶ。「終わりです」と言われたら片づける。

運動テスト

📖 連続運動・生活習慣

2人ずつ行う。コーナー（四角）の中に入って、カゴに入っているひもをおなかに巻いてチョウ結びする→コーナー（四角）の中で片足立ちして3つ数え、ひもをほどいてカゴに戻す→次のラインまでスキップをする→カゴからボール（小）を2つ取り、用意された箱の中にボールを2つとも投げ入れる。入らなかったら自分で拾い、ボールが入っていたカゴに戻す→いすと机のところまでケンケンする→いすに座り、机の上のお弁当箱に入っている消しゴム4個を、はしでもう1つの空のお弁当箱に移す。「いいですよ」と言われるまでいすに座っている→終わったら、列の後ろに並ぶ。

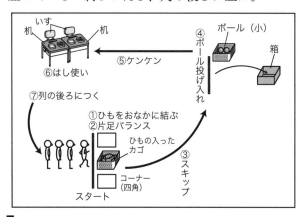

親 子 面 接   面接官は部長先生、教頭、女性教諭などの3名。

本 人

・お名前を教えてください。

・幼稚園（保育園）の名前とお友達の名前を教えてください。

・小学生になったら何をしたいですか。

・お家でお手伝いをしていますか。どのようなお手伝いをしていますか。お手伝いをした後に何と言われますか。

・将来なりたいものは何ですか。

・今までで一番うれしかったプレゼントは何ですか。

・あなたの宝物は何ですか。

・最近頑張っていること、できるようになったことを教えてください。

・毎朝食べるものを2つ教えてください。

・好きな食べ物を2つ教えてください。

・好きな野菜は何ですか。

・お弁当に入っているものでは何が好きですか。

・昨日の夕食は何を食べましたか。

・嫌いな食べ物が出てきたらどうしますか。

・好きな遊びは何ですか。

・もし魔法が使えたら何がしたいですか。

・お父さんと何をするのが楽しいですか。

父　親

・一番の志望理由は何ですか。

・この学校のどのような教育に惹かれましたか。

・女子校を選んだ理由をお話しください。

・キリスト教教育についてどうお考えですか。

・学校に来たことはありますか。

・学校の印象はいかがですか。

・お子さんが大人になる20年後ごろに求められる女性像はどのようなものだと思いますか。

・お子さんの優れている点と直した方がよい点をお聞かせください。

・仕事の内容はどのようなものですか。

・お帰りの時間は何時ですか。

・お子さんと一緒にすることで一番楽しいことは何ですか。

・お子さんからどのようなお父さまだと思われていますか。

・奥さまとお子さんのかかわり方を見てどう思われますか。

・奥さまの子育てで素晴らしいと思えるところはどんなところですか。

・お子さんの将来の夢をご存じですか。

・お子さんが奥さまの作ったお料理の中で一番好きなものは何か知っていますか。

・奥さまの作るお料理でお父さまの好きなものは何ですか。

・幼稚園（保育園）の行事で印象に残っていることは何ですか。

・ご自身は両親からどのような教育を受けましたか。どのような子どもでしたか。

母　親

- キリスト教教育についてどうお考えですか。
- （きょうだいがいる場合）きょうだいのかかわりはどのような感じですか。
- 通っている幼稚園（保育園）を選んだ理由は何ですか。幼稚園（保育園）の特色などをお聞かせください。
- 住んでいる場所と幼稚園（保育園）が遠いのはどうしてですか。
- お子さんは幼稚園（保育園）の話をお家でしますか。
- お子さんの幼稚園（保育園）での様子はいかがですか。
- お子さんは幼稚園（保育園）でどんな遊びをすることが好きですか。
- お子さんが嫌いな食べ物は何ですか。
- お弁当を作るうえで気をつけていることは何ですか。
- 食事のマナーで気をつけていることは何ですか。
- （仕事をしている場合）お仕事をされていて、保育園ではなく幼稚園に通われていますが、緊急時はどうされていますか。
- （仕事をしている場合）お仕事をされていますが、何かあったときの対応はどうされますか。学童を利用されますか。
- お仕事をしていて子育てに生かされたことはありますか。
- 小学校入学後の最初のころは下校時間が早いですが、お迎えは大丈夫ですか。
- 電車の乗り換えはお子さん1人でできますか。
- 世の中では、危険なことや悲しい事件が起こることがありますが、どうお考えですか。
- ご主人とお子さん、ご自身とお子さんの似ているところをそれぞれ教えてください。

面接資料／アンケート 面接当日の受付窓口で配付されたアンケート用紙に、父母別々に記入して提出する。

〈父親のテーマ〉
- お父さまと一緒にすることのうちで、お子さまが一番喜ぶことは何ですか。

〈母親のテーマ〉
- お子さまの食事について気になっていることは何ですか（好き嫌い、マナーなど）。

※ほかに、両親ともに出身校、特技、職業、ボランティア活動などを自由に記入する。

1

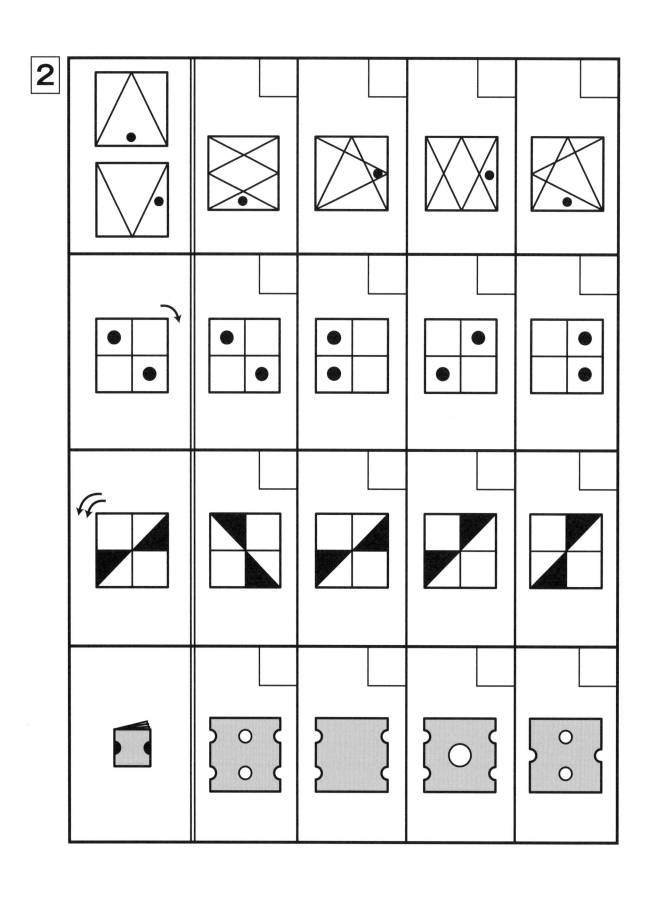

3

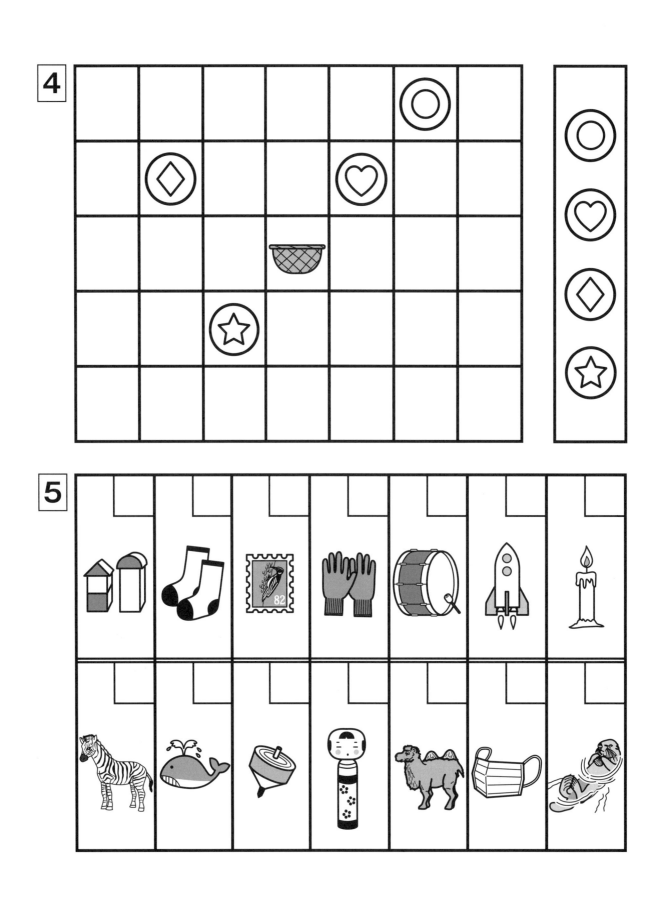

6

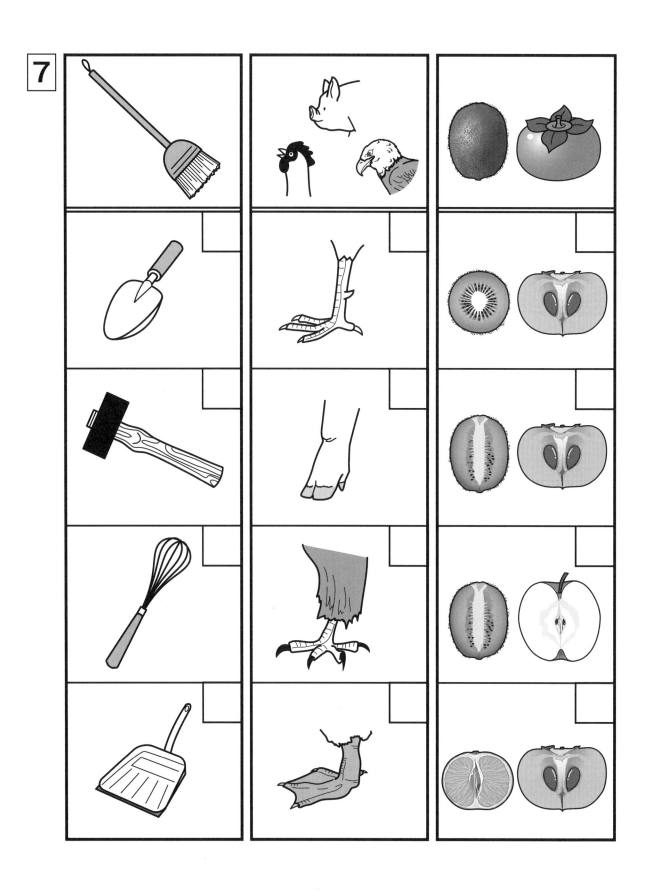

8

9

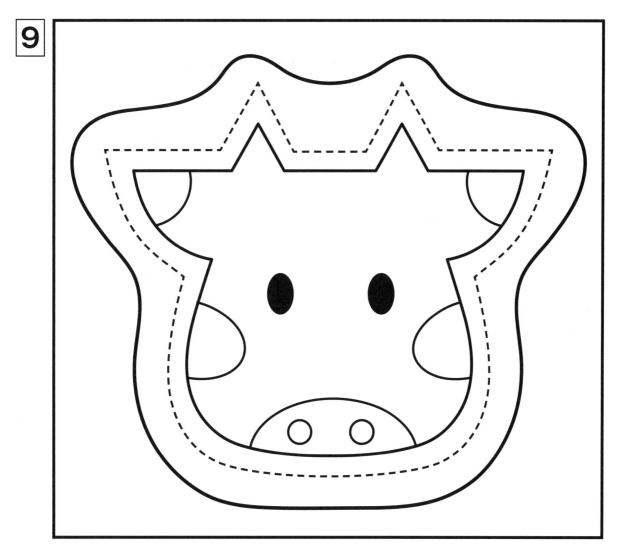

2014 東洋英和女学院小学部入試問題

section

■ 選抜方法

考査は1日で、月齢で分けられたグループごとに指定された時間に集合し、ペーパーテスト、集団テスト、運動テストを行う。所要時間は約2時間。考査日前の指定日時に親子面接があり、日時は生年月日順に指定される。

▍ ペーパーテスト ▍ 筆記用具は鉛筆、赤鉛筆、クーピーペンを使用し、訂正方法は ∧∧∧ (ギザギザ線)。出題方法は口頭とテープ。

1 数 量

- ・4人の子どもが、絵の中のリンゴを同じ数ずつ残らないように全部分けたら、1人がもらえる数はいくつですか。その数だけ下のリンゴの横のマス目に1つずつ○をかきましょう。
- ・同じところです。4人の子どもにバナナを2本ずつ分けると何本余りますか。その数だけ下のバナナの横のマス目に1つずつ○をかきましょう。
- ・同じところです。4人の子どもに絵の中のサクランボを1人1つずつ分けるといくつ余りますか。その数だけサクランボの横のマス目に1つずつ○をかきましょう。
- ・下の左です。絵の中の数だけリスがいました。そこに4匹やって来て、2匹帰りました。今、リスは何匹いるでしょうか。その数だけ下のマス目に1つずつ○をかきましょう。
- ・下の右です。四角の中にあるおにぎりをお母さんは4個、お兄さんは3個、妹は1個食べました。今、残っているおにぎりはいくつですか。下のマス目に1つずつ○をかきましょう。

2 話の理解

- ・左側のマス目を見てください。たろう君は上から2段目、右から5番目に靴をしまいます。その場所に○をかきましょう。
- ・同じところです。はなこさんは今靴が入っている場所から左に2つ、下に1つ行ったところに靴を入れました。その場所に△をかきましょう。
- ・右側です。野菜の重さ比べをしました。トマトはナスより重く、ニンジンはトマトより重いです。一番重い野菜に×をかきましょう。印は野菜の横の四角にかきましょう。

3 推理・思考（四方図）

- ・左の四角に積んである積み木を黒い矢印のように真上から見た絵には○、白い矢印のよ

うに右横から見た絵には△を、右の4つの絵から選んでかきましょう。印は右上の小さい四角にかいてください。上も下もやりましょう。

4 常 識

- ・1段目です。秋と仲よしのものを選んで右上の四角に○をかきましょう。
- ・2段目です。冬に飾るものを選んで右上の四角に○をかきましょう。
- ・3段目です。秋になると色が変わるものを選んで右上の四角に○をかきましょう。
- ・4段目です。土の中でできるものを選んで右上の四角に○をかきましょう。

5 常識（昔話）

- ・それぞれの段に、昔話の絵があります。この中で1つだけ違うお話の絵に×、正しい順番に並べ替えたとき2番目になる絵に○をかきましょう。印は右上の四角にかいてください。

6 言 語

- ・1段目です。左の絵の名前の最初の音と、同じ音で始まるものを右の四角から選んで○をかきましょう。印は右上の四角にかいてください。
- ・2段目です。左の絵の名前と最後の音が同じものを選んで◎をかきましょう。
- ・3段目です。左の絵の名前の最後の音で始まるものを選んで×をかきましょう。
- ・4段目です。左の絵の名前の最初の音と、同じ音で終わるものを選んで△をかきましょう。
- ・5段目です。左の絵の名前の真ん中の音で始まるものに□をかきましょう。

絵画（課題画）
- ・自分が食べてみたいお弁当の絵をクーピーペンで描きましょう。

集団テスト

発表力

絵を描き終えたらみんなの前で何を描いたのか発表する。発表は起立して行い、そのほかの子どもは着席したまま聞く。

制作・ごっこ遊び

カゴの中にお父さん、お母さん、おじいさん、おばあさん、女の子、イヌが描かれた絵が入っている。お友達と相談して役を決めた後、絵の周りの線をはさみで切り、角が切り取

られた茶封筒にシールで貼る。封筒に手を入れてパペットにし、グループごとに家族ごっこ遊びをする。

【パペット】

あらかじめ角が切ってあり、ここから指を出す

切り取った絵

茶封筒

シール

🔖 自由遊び

大型の積み木、輪投げ、フープ、おままごとセット、段ボール箱などで自由に遊ぶ。「おしまい」と言われたら片づける。

運動テスト

🔖 連続運動

「前のお友達が赤い線の運動を終えたら次の人がスタートする。スタートしたら前のお友達を抜かさない」というお約束がある。

赤い線の左右を両足のジグザグジャンプで進む→緑の線を歩く→青い線をケンパーで進む。

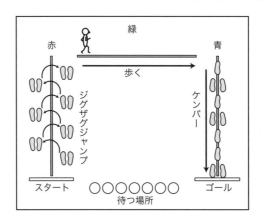

緑

赤

青

歩く

ジグザグジャンプ

ケンパー

スタート

○○○○○○

待つ場所

ゴール

🔖 スキップ・身体表現

音楽に合わせてスキップをする。音楽が止まってタンバリンが鳴ったら好きなポーズをする。これを3回くり返す。

親子面接 ┃ 面接官は部長先生、教頭、女性教諭の3名。

本人

- ・お名前と生年月日を教えてください。
- ・幼稚園（保育園）の名前と先生の名前を教えてください。
- ・小学校に入ったらどんなことをしたいですか。
- ・あなたの大切なものは何ですか。
- ・お家の中では何をして遊びますか。
- ・お休みの日は誰と何をして遊びますか。
- ・お誕生日のプレゼントは何をいただきましたか。
- ・夕ごはんは誰と食べますか。どんなお話をしますか。
- ・魔法を使えるとしたら何がしたいですか。
- ・最近、頑張ってできるようになったことは何ですか。
- ・大人になったら何になりたいですか。
- ・お手伝いは何をしていますか。

父親

- ・志望動機をお話しください。
- ・本校の印象をお話しください。
- ・キリスト教教育についてどうお考えですか。
- ・帰宅時間は何時ごろですか。
- ・幼稚園（保育園）の行事で印象に残っていることは何ですか。
- ・ご自身とお子さんが似ているところはどんなところですか。
- ・お子さんからどのような父親だと思われていますか。
- ・休日にお子さんとどのようにかかわっていますか。
- ・ご家庭で大切にしていることは何ですか。
- ・仕事をするうえでのモットーは何ですか。
- ・お子さんが将来なりたい職業を知っていますか。
- ・奥さまのお子さんとのかかわりで尊敬できるところはどんなところですか。
- ・お子さんがお父さまと一緒にすることで一番喜ぶことは何ですか。

母親

- ・通われている幼稚園（保育園）を選ばれた理由をお聞かせください。
- ・お子さんの好きな食べ物を2つ教えてください。

・お子さんが興味を持っている遊びは何ですか。

・最近、お子さんができるようになったことは何ですか。

・お子さんをほめるとき、しかるときはどんなときですか。

・ご家族で大切にしている行事は何ですか。

・お子さんの直してほしいところはどんなところですか。

・子育てで難しいと感じることはどんなことですか。

・ご自身が受けてきた教育で印象に残ったことはどんなことですか。

・お子さんに伝えたい家庭の味はありますか。

・（仕事をしている母親に対して）お仕事と育児の両立で何か工夫をしていることはありますか。

・ご主人はどんな方ですか。

・ご自身の立ち居振る舞いで、お子さんに見習ってほしいことはありますか。

・お子さんと一緒にすることで何が一番楽しいですか。

・お子さんが将来なりたいものは何か知っていますか。

・ご主人はお子さんにとってどんな存在ですか。

面接資料／アンケート 面接当日の受付窓口で配付されたアンケート用紙に、父母別々に記入して提出する。

〈父親のテーマ〉

・仕事と家庭のバランスについてどのようにお考えですか。

〈母親のテーマ〉

・子育てをしていて楽しいと思うのはどのようなときですか。

※ほかに、両親ともに勤務先、ボランティア活動、出身校、特技などを自由に記入する。

1

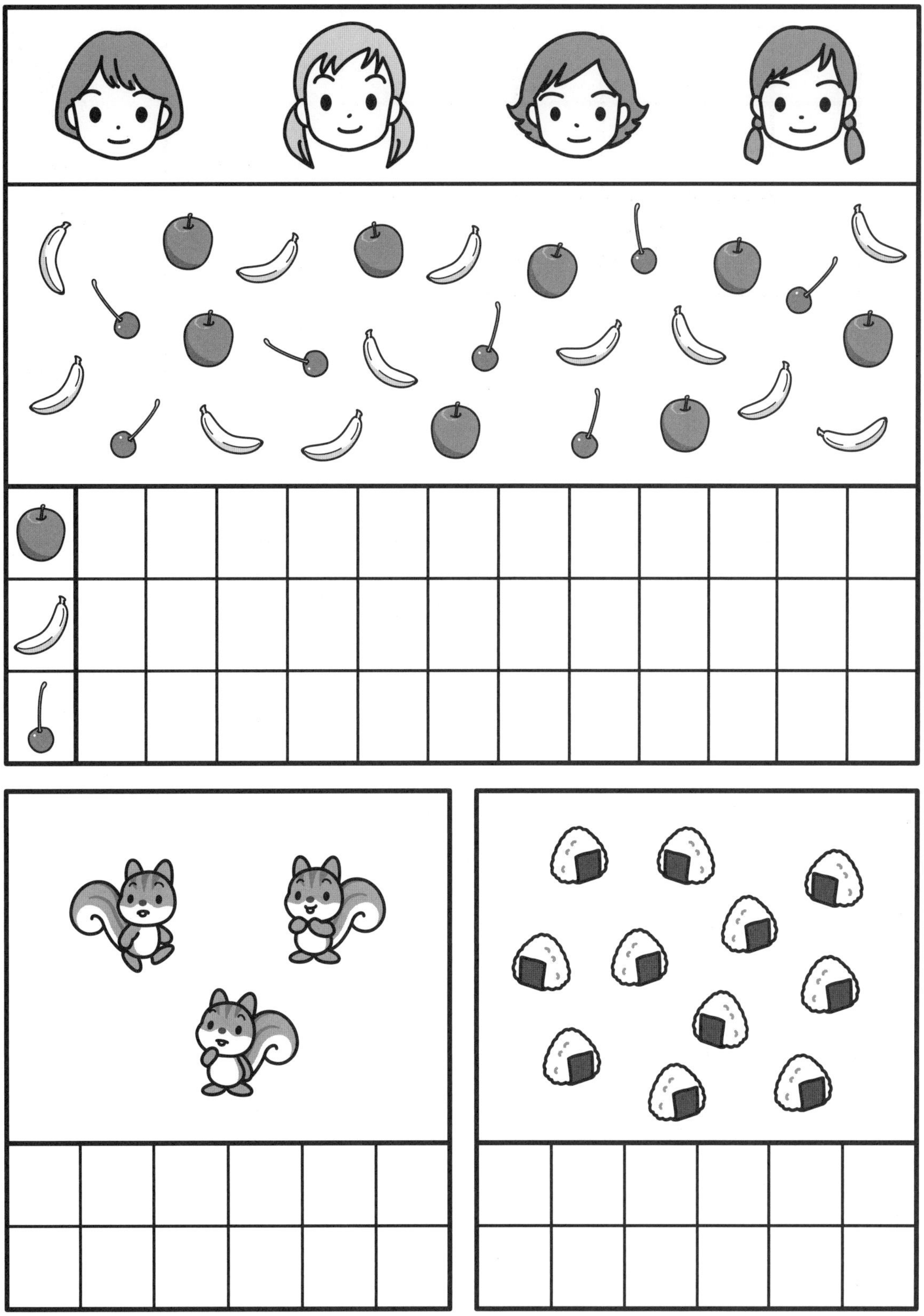

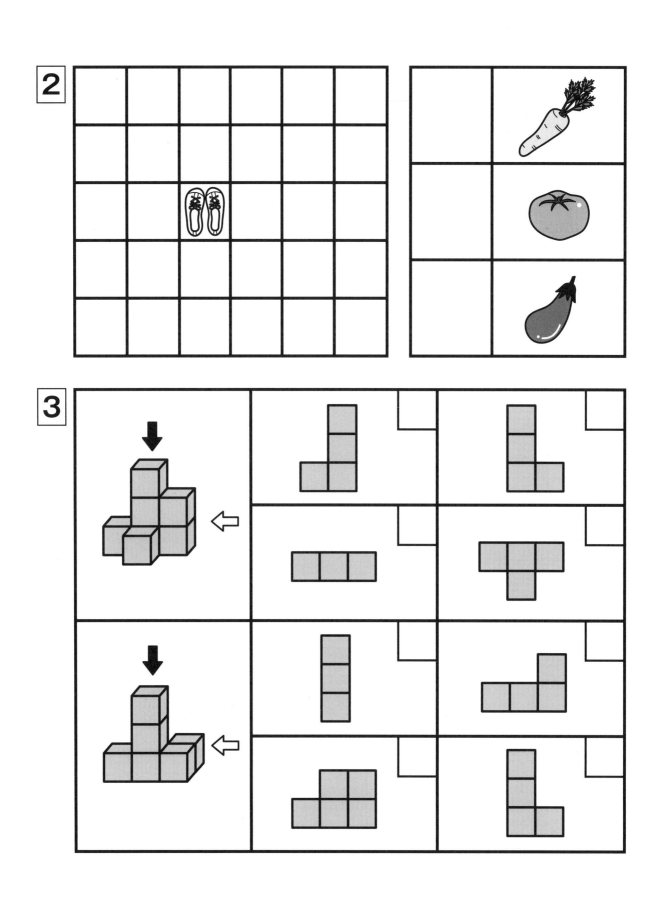

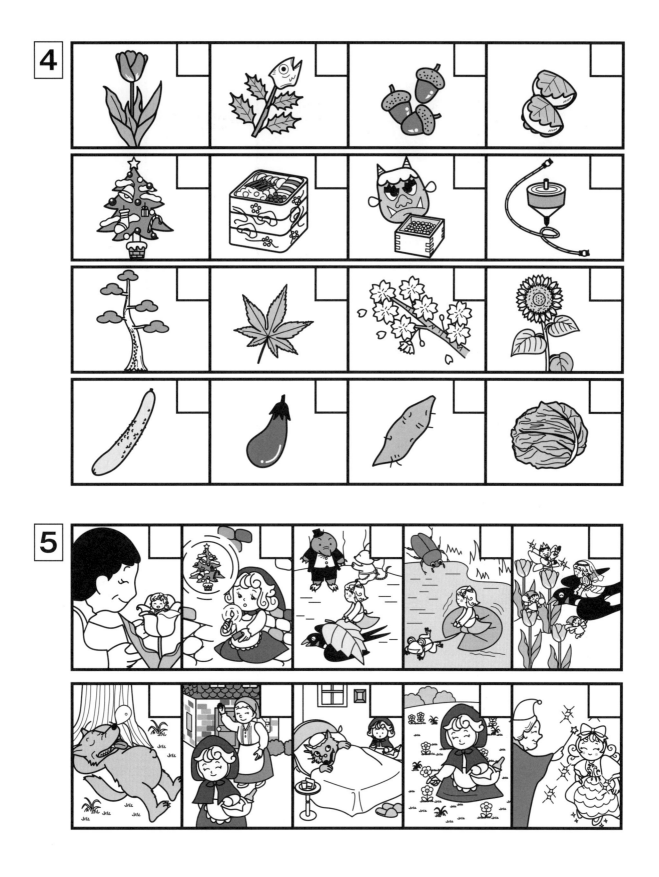

東洋英和女学院小学部
入試シミュレーション

東洋英和女学院小学部入試シミュレーション

1 数 量

・一番上の段はお手本です。左の積み木からいくつ積み木を減らしたら右の積み木になりますか。その数だけ右端の四角に○をかきましょう。

2 推理・思考（重さ比べ）

・それぞれの段で一番重いものに○、一番軽いものに×を、右側の絵につけましょう。

3 推理・思考（対称図形）

・左端のように折った折り紙の黒いところを切り取って広げると、どのようになりますか。右側から1つ選んで○をつけましょう。

4 言 語

・真ん中の丸の中の「ハト」は「ハ」と「ト」の2つの音で名前ができていますね。四角の中の「ドングリ」は「ド」「ン」「グ」「リ」の4つの音です。三角の中の「ユキダルマ」も数えたら、いくつの音で名前ができているかわかりますね。真ん中のものと同じ数の音でできている名前を見つけたら、それぞれ○、□、△の印をつけましょう。

5 位 置

・リスさんの部屋は3階の右端です。リスさんの部屋に○をかきましょう。
・ネコさんの部屋は4階の左から2番目です。ネコさんの部屋に△をかきましょう。
・イヌさんの部屋は1階の左から2番目です。イヌさんの部屋に◎をかきましょう。
・タヌキさんの部屋は玄関のすぐ上です。タヌキさんの部屋に□をかきましょう。
・ゾウさんの部屋はタヌキさんの部屋の2つ隣です。ゾウさんの部屋に×をかきましょう。

6 推理・思考（条件迷路）

・左上のクマの子どもが、お約束の通りに果物のマス目の中を通り抜けて、右下のお母さんのところまで進みます。進み方のお約束は、必ず「ナシ→ブドウ→カキ」の順番をくり返して進むことと、マス目は上や下、右や左に1つずつ進み、斜めには進めないことです。また、同じマス目を2度通ってはいけません。では、お約束を守って、お母さんのところまで行く線を引きましょう。

7 常識（仲間分け）

・それぞれの段で、1つだけ仲間でないものを見つけて○をつけましょう。

8 話の理解

- ・1段目です。まおさんの今日のおやつは、ドーナツとクッキーが2つずつと、ジュースでした。まおさんのおやつが正しく描いてあるものに○をつけましょう。
- ・2段目です。今日はみおさんのピアノの発表会です。みおさんは、ふんわりと丸い袖がついた水玉模様のドレスを着て、髪の毛を2つに結び、リボンをつけてもらいました。そして、髪の毛の先をお姫様のようにくるんと巻いてもらいました。みおさんに○をつけましょう。
- ・3段目です。プリンを8個買いました。お父さん、お母さん、みおさん、まおさんは、おやつの時間に1つずつ食べようと思いましたが、お父さんだけは1つでは足りないと言って2つ食べました。今、プリンはいくつ残っていますか。その数だけ、プリンの横の四角に○をかきましょう。
- ・4段目の左の三角を見てください。今からお話しする通りに線を引いたり、形をかいたりしましょう。まず、三角がちょうど半分になるように縦に1本線を引いてください。それから、右の部屋の中に○、左の部屋の中に×をかきましょう。
- ・4段目の右の四角を見てください。今からお話しする通りに線を引いたり、形をかいたりしましょう。まず、右上の角から左下の角まで真っすぐに線を引いてください。それから、その線のちょうど真ん中から右下の角まで線を引きましょう。

9 構 成

- ・左側のお手本の中にない積み木はどれですか。右側から選んで、その右上の四角に○をかきましょう。
- ・左側の形を全部使ってできている形はどれですか。右側から選んで、その右上の四角に○をかきましょう。

10 巧緻性

- ・上の四角です。黒い点から、点線をなぞりましょう。
- ・下の四角です。好きな色のクーピーペン3色を選び、魚のうろこを塗りましょう。そのとき、同じ色のうろこが隣同士にならないように考えながら塗りましょう。

11 系列完成

- ・いろいろな形が決まりよく並ぶように、空いているところに印をかいたり、塗りつぶしたりしましょう。

1

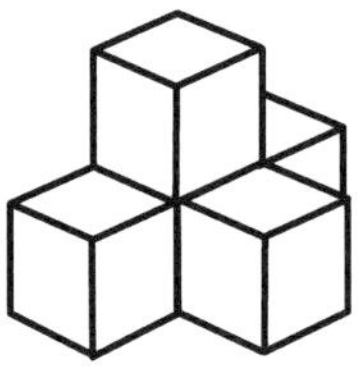	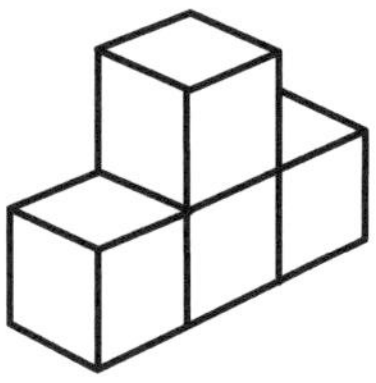	○
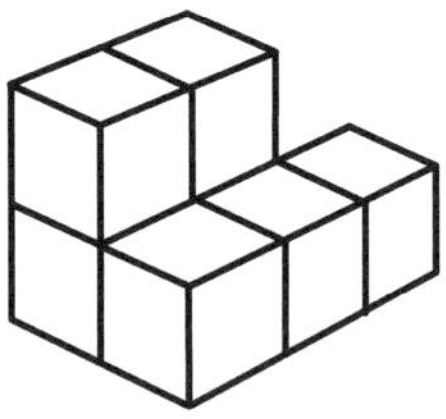	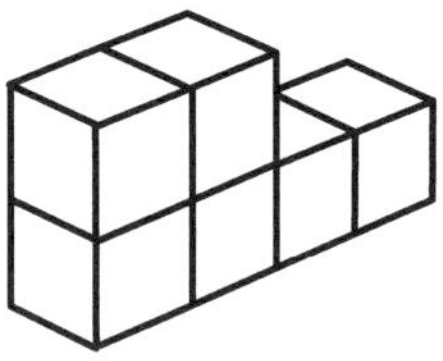	
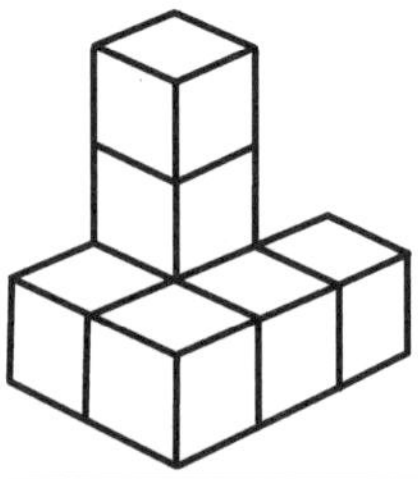	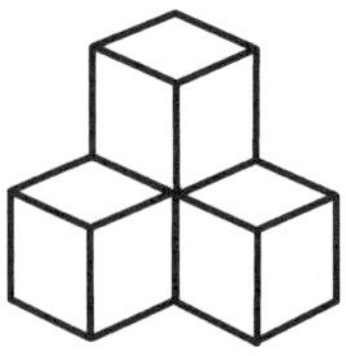	
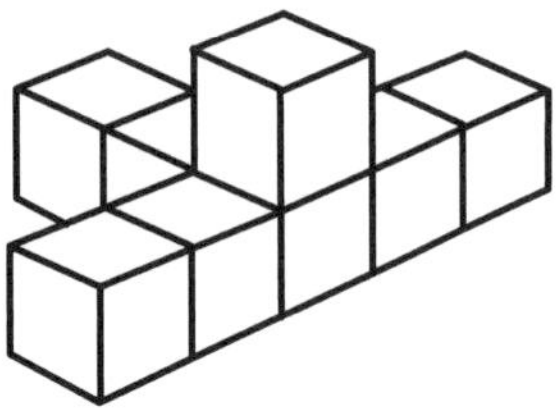	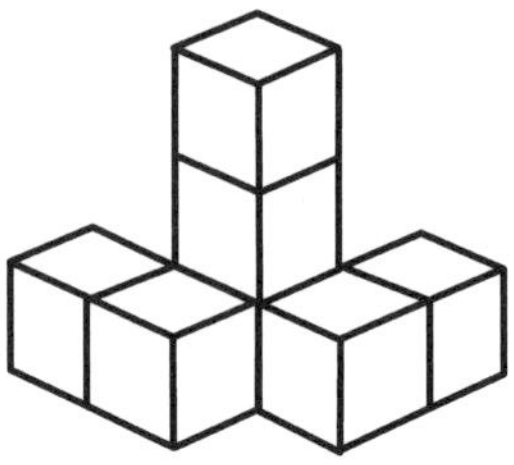	
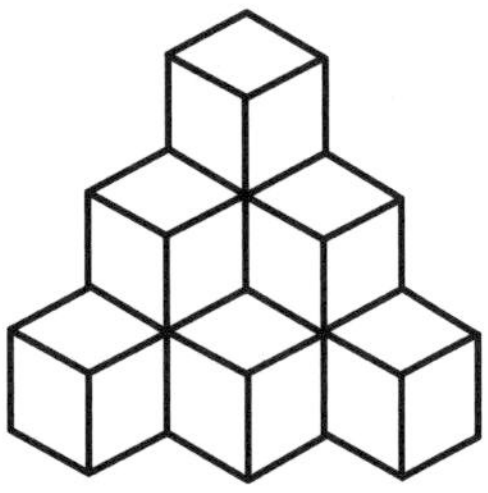	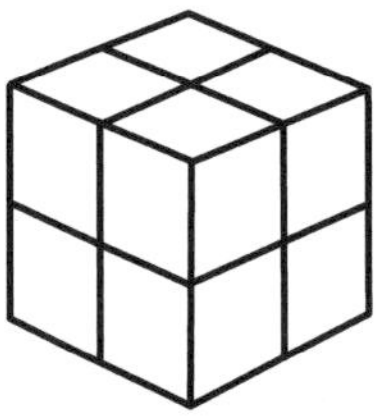	
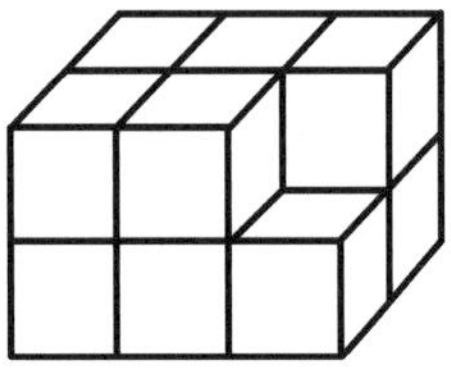	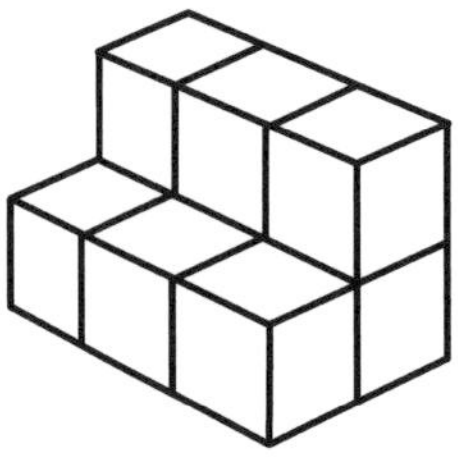	

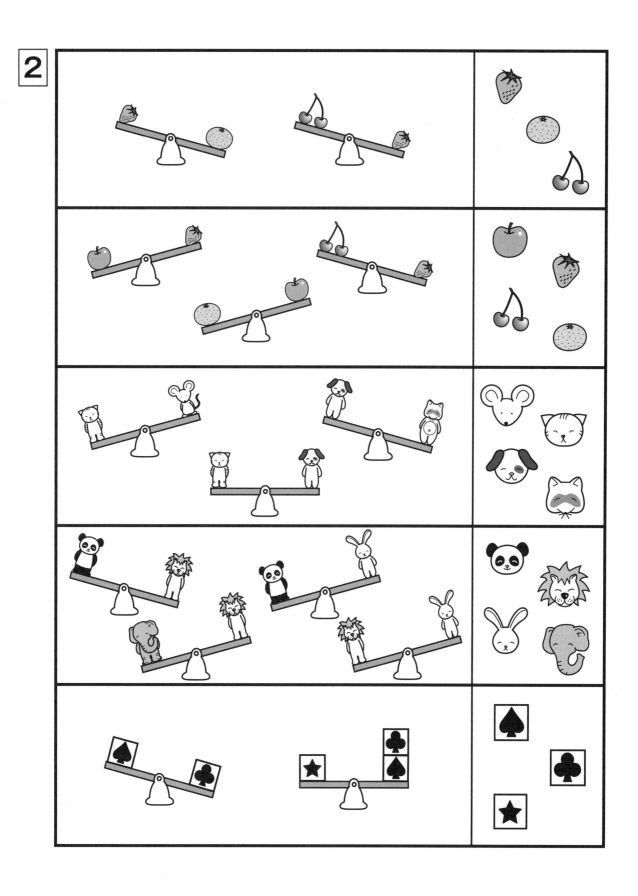

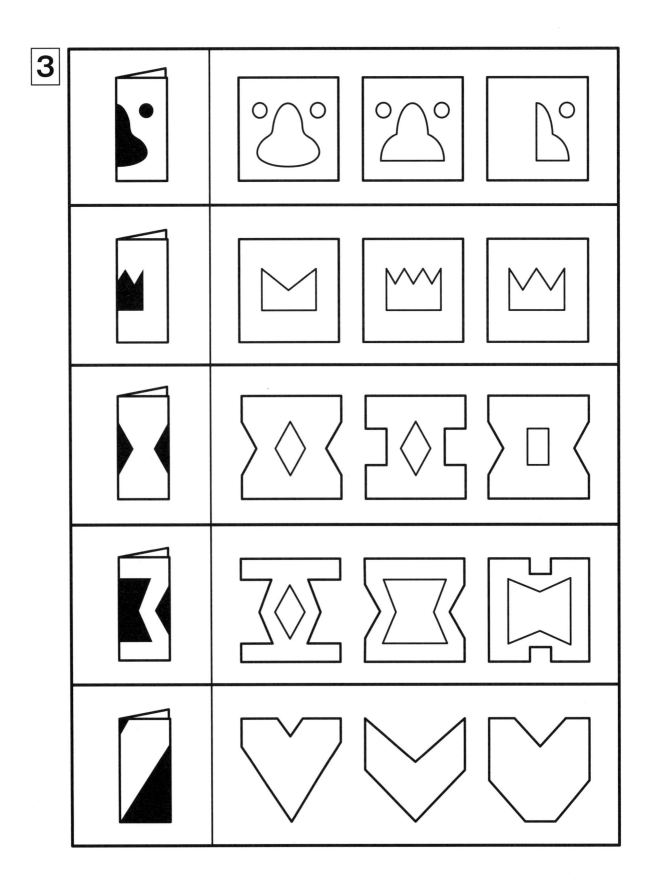

4

5

6

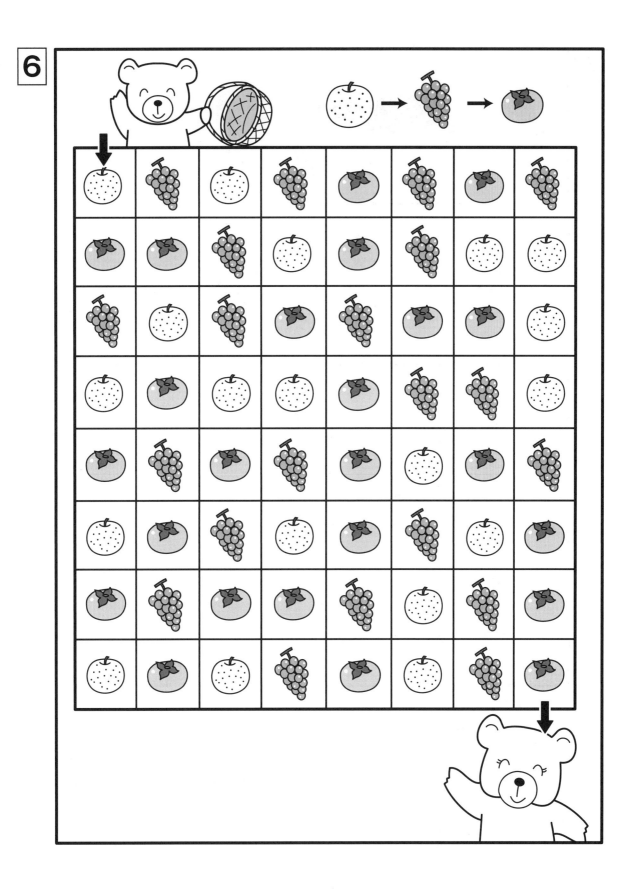

7

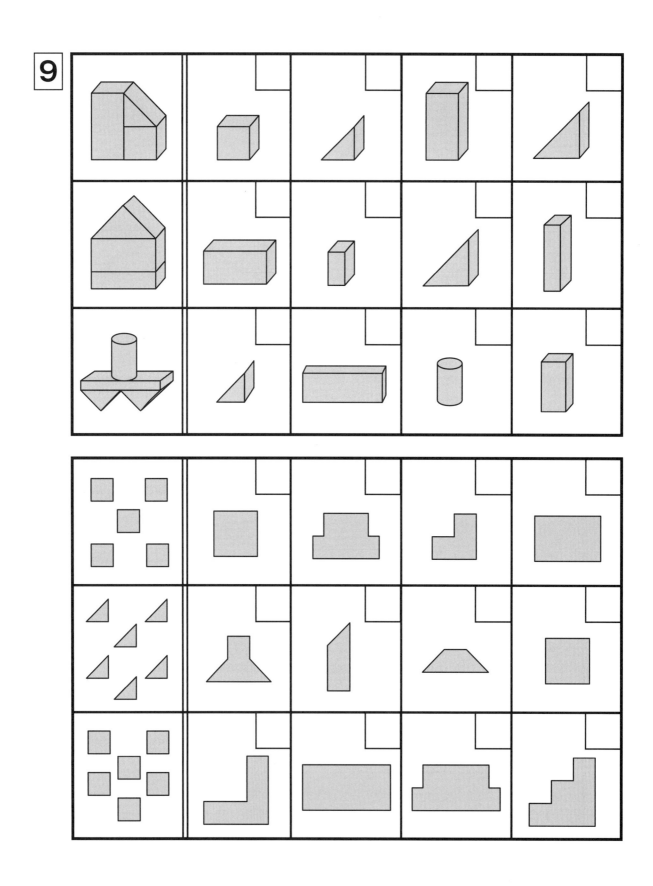

10

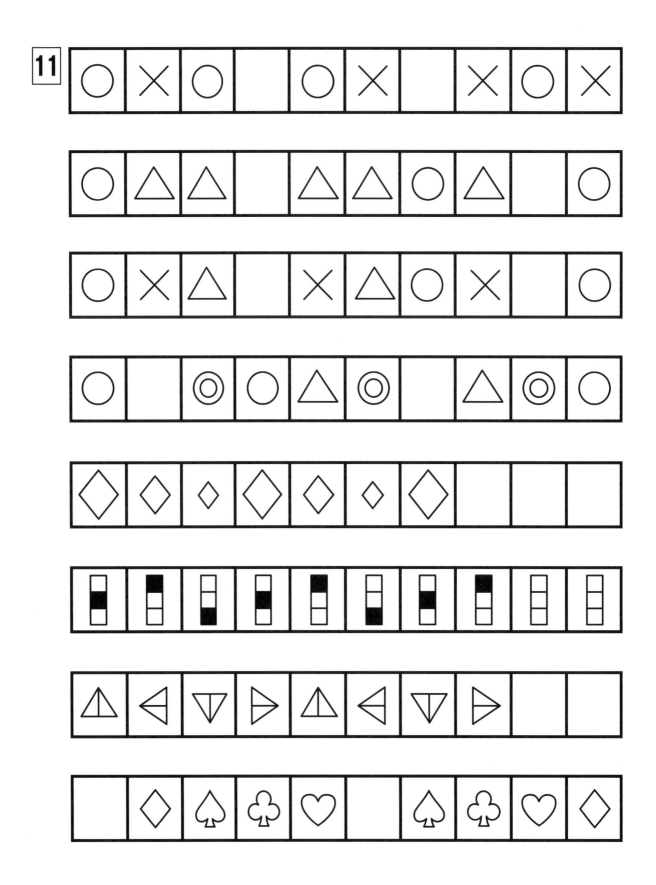

東洋英和女学院小学部 入試問題集

解答例

✱ 解答例の注意

この解答例集では、ペーパーテスト、集団テストの中にある□数字がついた問題、入試シミュレーションの解答例を掲載しています。それ以外の問題の解答はすべて省略していますので、それぞれのご家庭でお考えください。（一部□数字がついた問題の解答例の省略もあります）

入試シミュレーションの
解答例もあります！

1

2

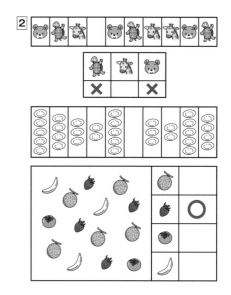

3 **4**

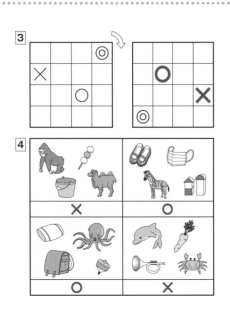

5

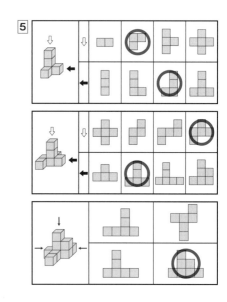

6

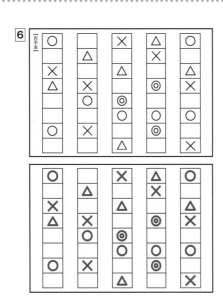

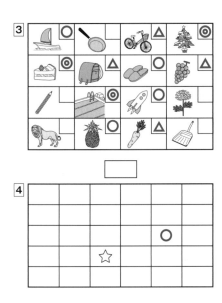

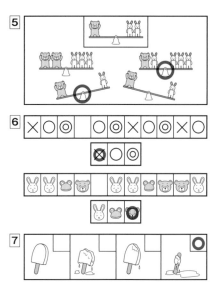

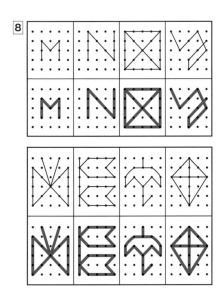

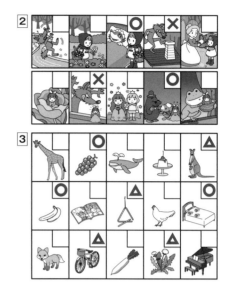

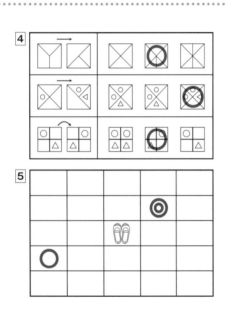

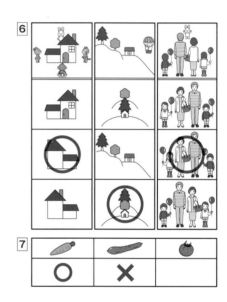

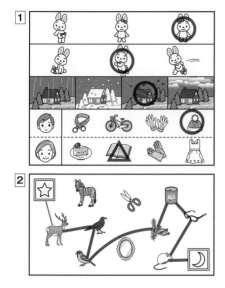

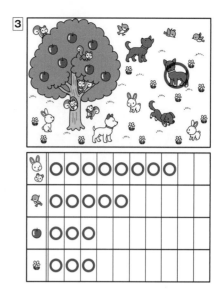

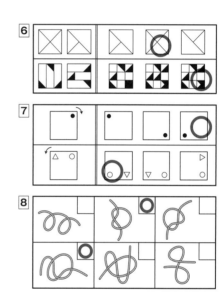

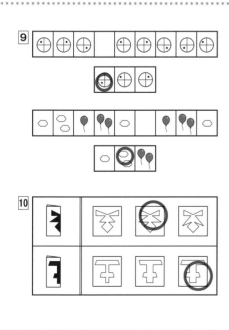

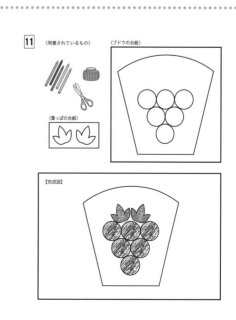

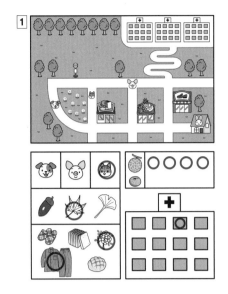

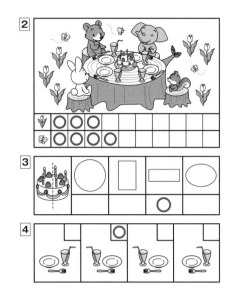

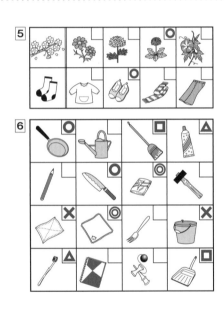

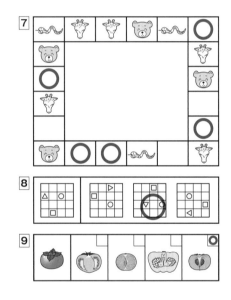

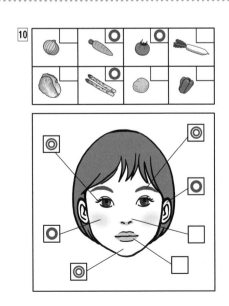

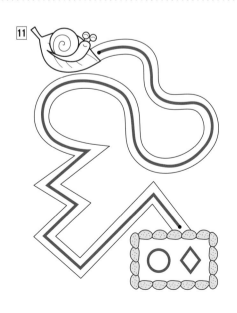

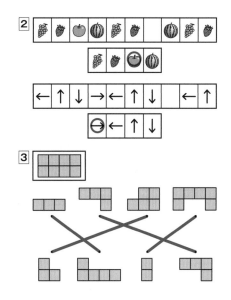

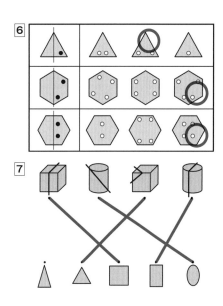

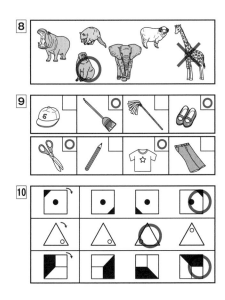

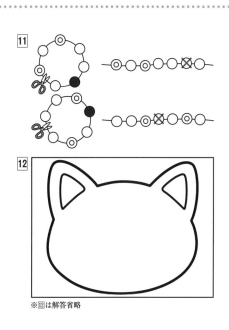

※12 は解答省略

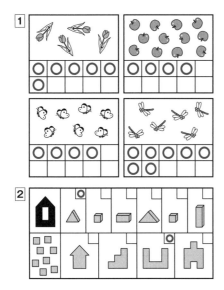

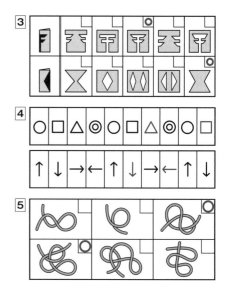

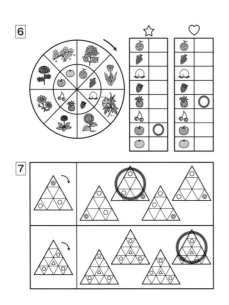

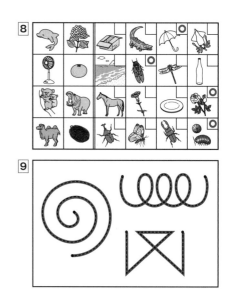

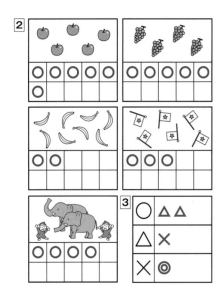

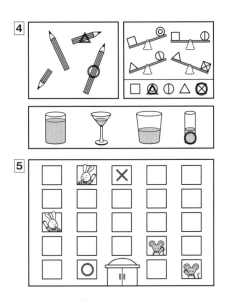

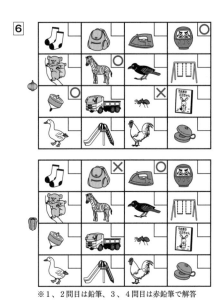

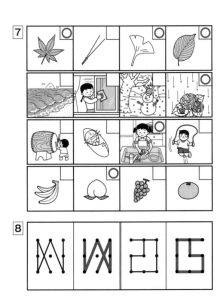

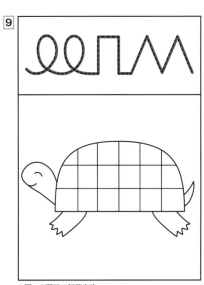

※1、2問目は鉛筆、3、4問目は赤鉛筆で解答

※9の2問目は解答省略

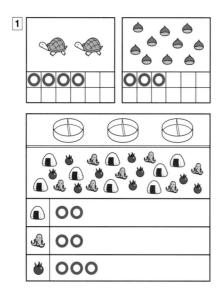

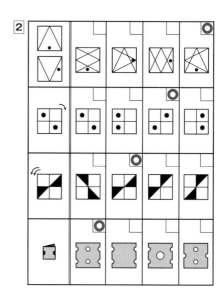

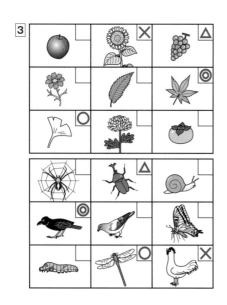

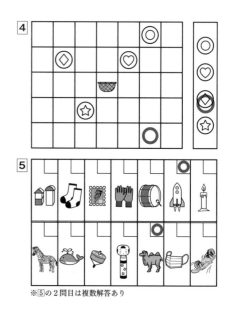

※ ⑤ の 2 問目は複数解答あり

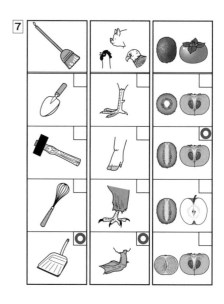

8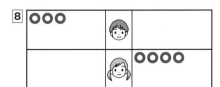

9

※9は解答省略

1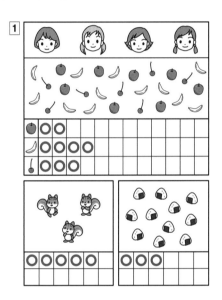

2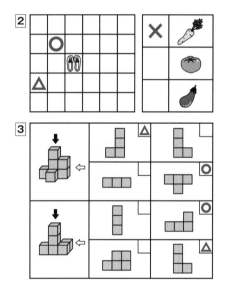

3

4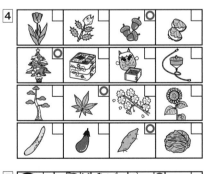

5

6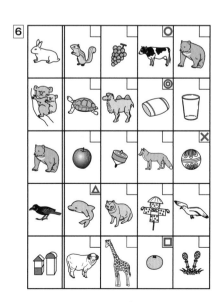

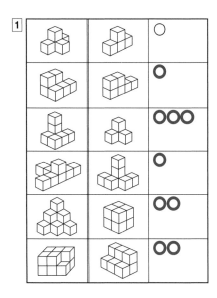

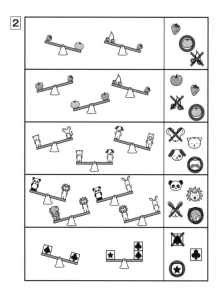

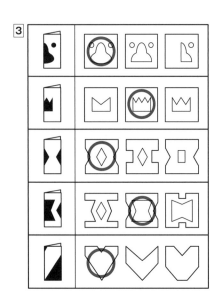

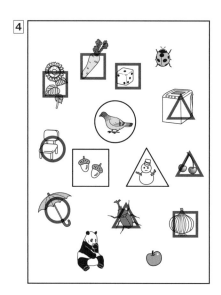

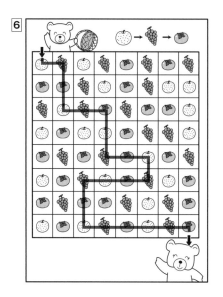

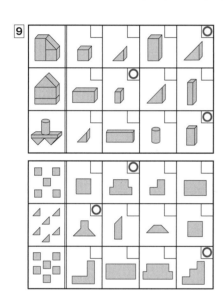

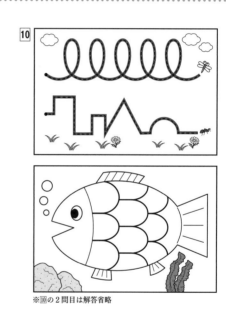

※10の2問目は解答省略

memo

memo

memo

Shinga-kai